KB261023

나를 넘어 세계를 경영하라

기획　　비즈니스앤TV 부장 정상혁, 팀장 김형률, PD 최금란
제작PD　 박철홍, 서충수, 고명현
구성작가　이지민, 이은숙, 유정애, 천수정
글　　　조동성, 윤미경

KI신서 1327
조동성이 만난 대한민국 글로벌 CEO

나를 넘어 세계를 경영하라

1판 1쇄 발행 2008년 5월 20일
1판 3쇄 발행 2010년 4월　2일

글 조동성 · 윤미경　**펴낸이** 김영곤　**펴낸곳** (주)북이십일 21세기북스
기획 비즈니스앤TV　**마케팅·영업** 최창규 김보미
출판등록 2000년 5월 6일 제10-1965호
주소 (우413-756) 경기도 파주시 교하읍 문발리 파주출판단지 518-3
대표전화 031-955-2100　**팩스** 031-955-2151　**이메일** book21@book21.co.kr
홈페이지 www.book21.com

값 12,000원
ISBN 978-89-509-1367-0 03320

조동성이 만난 대한민국 글로벌 CEO

나를 넘어 세계를 경영하라

세계 경영의 성공 노하우를 바치다

손자병법에 리더의 두 가지 덕목이 나옵니다. 부하를 아끼고 사랑하는 자애로운 마음(慈)과 작은 실수도 용납하지 않는 엄격함(嚴), 쉽게 풀어서 말하자면 어머니의 눈물, 아버지의 회초리지요. 그렇다면 글로벌화와 현지화로 표현되는 세계시장에서 무한경쟁을 펼쳐야 하는 글로벌 리더에게는 어떤 덕목들이 요구될까요? 국내 유일의 비즈니스 전문채널 비즈니스&의 인기프로그램 「조동성이 만난 글로벌 CEO」는 그런 물음에서 시작되었습니다.

영업사원으로 입사해 전세계 70%를 먹여 살리는 글로벌 CEO가 된 김기용 사장, 엔지니어로 입사해 글로벌 CEO가 된 김동수 사장, 마음을 움직이는 '감성경영'의 대표주자 김종식 대표, 열심히 놀면서 두 배로 돈을 버는 김해동 사장, 아시아인 최초로 BMW 본사임원이 된 김효준 사장, 신용 하나로 글로벌 기업 FILA를 인수한 윤윤수

사장, 이길 싸움만 하는 글로벌 승부사 이승한 사장, Challenge and Win, 'CW리'로 불리는 이채욱 사장, 내 안의 무한 에너지를 믿는 이재희 사장, 생각의 크기가 인생을 결정한다는 장정훈 사장……. 1년 365일 중 태반을 나라 밖에서 생활하는 그들을 만나기란 쉽지 않은 일이었습니다.

처음에는 살짝 실망도 했습니다. 그들이 말하는 성공의 비결이라는 게 뭐 대단히 특별해 보이지 않았기 때문입니다.

'정직하게 원칙을 지켜라!'
'상식적인 사람이 돼라!'
'절대 포기하지 마라!'
'창조적 파괴를 즐겨라!'
'학습모험을 즐겨라!'
'좋은 사람을 찾아서 믿고 맡겨라!' …….

늘으면 늘을수록 귀에 익숙한, 어디선가 많이 들었던 이야기 같았습니다. 사실 이런 말들은 성공의 비법이라고 하기엔 너무나 평범하고 당연한 말들 아닙니까?

그런데 이 지극히 단순하고 평범한 말, 당연히 해야 할 일들이 얼마나 지키기 어렵고 실천하기 어려운 것인가를 아는 데는 그리 많은 시간이 필요치 않았습니다. 성공한 사람들에게는 분명 성공할 수밖에 없는 필연적인 이유가 있었습니다. 그들의 성공에는 우연이 없었습니다. 남들이 부러워하는 기막힌 행운마저도 알고 보면 꾸준히 준비하고 연구한 노력의 결과였습니다. 또, 성공한 그들 열 명의 글로벌 CEO들에게는 몇 가지 공통점이 있었습니다.

첫째, 그들은 '사람'과 '신뢰'를 최고의 가치로 생각합니다. 차이를 인정하고 포용하는 넓은 마음을 가지고 있습니다.

둘째, 그들은 한 발 앞서 생각하고 준비하는 개척자들입니다. 남보다 높고 큰 꿈을 꾸고 그것을 이루기 위해 끊임없이 앞으로 나아갑니다.

셋째, 그들은 창조와 도전을 통해 더 나은 세상을 만들어가고 있습니다. 실패의 경험을 오히려 긍정적인 에너지로 승화시키는 열정의 리더십을 소유하고 있습니다.

넷째, 그들은 글로벌 문화를 마음으로 받아들이고 몸으로 경험한 선진경영기법의 전문가들이자, 최근 그 중요성이 부각되고 있는 투명경영의 선각자입니다. 한국경제가 선진화하는 과정에서 가장 믿고 의지할 수 있는 한국경제의 리더요, 미래 경영자의 벤치마킹 대상입니다.

다섯째, 그들의 경험은 도전과 선택의 순간에 더욱 빛을 발하는 특징이 있습니다.

마지막으로, 이제 그들은 자신의 성공 노하우를 이 땅의 많은 젊은이들과 나누고 싶어합니다.

이 책을 읽는 한국의 젊은이들에게 감히 질문합니다. 글로벌 경영자로 세계를 경영하고 있는 이 열 분 중 학벌을 내세운 분이 있었습니까? 아니면 연줄 때문에 성공한 분이 있었나요?

이 질문에 대한 답변은 분명히 "아닙니다"가 맞지요?

여기 수록된 분들은 모두 본인의 마음가짐과 능력만으로 세계기업에서 치열한 경쟁을 뚫고 나온 분들입니다. 여러분과 다를 것 하나 없는 이분들이 세계적인 경영자로서 성공했다면, 여러분 중 누구라도 마음을 굳게 다지고 능력을 쌓아간다면 언젠가 여러분에게도 성공이 찾아올 것입니다.

이 책이 미래를 향해 야심차게 뛰어나가는 젊은이들에게 성공의 나침반이 되어주기를, 나아가 세계 선도기업으로 성장하기 위해 끊임없이 전략을 수립하고 실행 중인 혁신적 CEO들에게 새로운 방향타가 될 수 있기를 기대합니다.

그런 의미에서 포기를 모르는 도전정신과 열정으로 세계무대에 우뚝 선 글로벌 CEO 열 분, 그리고 오늘도 열심히 살면서 이 열 분의 뒤를 이어 글로벌 CEO가 되기를 꿈꾸는 용기 있는 젊은이들에게 이 작은 책을 바칩니다.

2008년 4월
공동저자 조동성(서울대학교 경영학과 교수)

01

초국적 리더를 향한 우뚝한 걸음

— BMW 코리아 김효준 사장

"내가 파는 건 단순한 물건이 아닙니다.
라이프스타일입니다. 철학입니다. 성공입니다.
당신과 나의 '꿈' 입니다."

| 주요이력 |

1957년 서울 출생

1975년 덕수상업고등학교 졸업

1994년 (주)한국신텍스 대표이사 부사장

1995년 BMW Korea㈜ 상무이사

1997년 한국방송대학교 경제학과 졸업

1998년 BMW Korea㈜ 부사장

2000년 BMW Korea㈜ 사장 취임

2000년 연세대학교 경영대학원, 국제경영학 석사

2001년 서울대학교 경제연구소, 세계경제최고전략과정 제1기 수료

2003년 아시아인 최초로 BMW 그룹의 본사임원으로 선임

2005년 서울과학종합대학원(aSSIST) 최고경영자과정 제1기 수료

2005년~ 현재 한국능률협회 경영자교육위원회 위원

2007년 한양대학교 국제경영전략 박사학위 취득

2007년~ 현재 사단법인 다국적기업최고경영자협회(KCMC) 회장

2007년~ 현재 주한독일상공회의소 부회장

| 주요저서 |

『나의 꿈은 Global CEO』(월간조선사, 공저)

상고 출신 사원, 유쾌한 반란을 일으키다

'지적 호기심', 상고 출신 관리부 직원으로 시작해 아시아인 최초로 BMW 본사임원이 된 김효준의 성공 비결은 이 한마디 속에 함축되어 있다. 모든 것이 그의 타고난 '지적 호기심'에서 시작된 것이다.

서울, 결코 넉넉하지 않은 집안의 장남으로 태어난 김효준이 집안의 가장 역할을 하게 된 것은 중학교 2학년 때. 부친이 교통사고로 생활력을 잃어버리면서 그는 생계뿐 아니라 네 명의 어린 동생들까지 책임져야 하는 가장이 됐고, 담임선생님의 인문계 진학 권유를 뿌리치고 취직을 위해 상고를 선택해야만 했다. 하지만 인문계 고교를 포기했다고 해서 문제가 모두 해결되는 건 아니었다. 입학식도 하기 전부터 시작된 아르바이트는 고등학교 3년 내내 계속됐다. 공부하랴, 아르바이트하랴, 동생들 뒷바라지하랴, 집안 살림하랴……,

1인 4역을 감당해내야 했던 그가 정식으로 사회에 첫발을 내디딘 것은 상고 졸업반이었던 1974년 여름, 증권회사 관리직이었다.

열여덟 살의 사회 초년병, 김효준은 호기심 많은 청년이었다.

어느 날 위층에 계신 사장님께서 내려오시자 모든 직원들이 하던 일을 멈추고 일어나 부동자세로 서서 예의를 표하는 모습을 경험하게 된다. 두세 번 같은 일을 겪자 김효준은 총무부를 찾아가 '사장님이 내려오실 때마다 일하다 말고 전 직원이 일어나 몇 분씩 서 있는 것은 지나친 시간낭비고 비효율적인 일 아닙니까?' 하고 말한다. 적어도 효율성을 추구하는 기업은 그래야 한다고, 상식이 통하지 않더라도 누군가는 손들고 그런 이야기를 할 수 있어야 한다고 생각했던 것이다.

그러나 때는 바야흐로 우리 사회에 권위주의가 만연해 있던 70년대 중반이었다. 총무부 직원한테 '고등학교도 졸업 안한 수습사원 애송이가 뭘 안다고 건방을 떠느냐' 며 공연히 혼쭐만 나고 말았다. 그런데 두 달 뒤 총무부에서 공문 한 장이 내려왔다. '앞으로는 사장님이 사무실에 나타나시더라도 사장님과 눈이 마주치는 사람만 가볍게 인사를 하고 나머지는 각자 하던 업무를 계속해도 좋다' 는 내용이었다.

지금도 김효준은 이렇게 말한다.

"우리 사회의 중요한 화두 가운데 하나는 '변화와 혁신' 입니다. 그런데 지금 우리는 그 말을 너무 거창한 의미로 받아들이고 있는 것은 아닐까요? 오랜 세월에 걸쳐 우리 선배 세대들이 관습적으로 해왔던 수많은 행위들 중에서, 효율과 상식, 합리성을 따져 무엇인가 개선할 수 있다면, 그것이 바로 변화요 혁신일 것입니다. 작은 실천, 그 시작이 중요합니다."

첫 휴가 때, 가방 하나 달랑 들고 지방으로 향한 것도 순전히 '호기심' 때문이었다. 전화로만 업무를 주고받았던 광주, 부산, 대구 지역의 직원들을 직접 만나 이야기를 나누고 나니 마음이 편안했다. 목소리만으로 일을 했던 직원들과 더 친밀해지면서 일하기도 훨씬 쉬워졌고, 서로 주고받는 크고 작은 업무 양식도 조금씩 개선할 수 있었다. 개인 휴가를 이용해 지방 지점을 방문했다는 이야기가 전해지자 윗분들도 기특하게 생각했다.

일이 손에 익을 무렵, 호기심 많은 관리부 직원 김효준은 이번엔 지금 자신이 장부에 적고 있는 숫자들이 어떤 과정을 거쳐 나왔는지, 그리고 그러한 숫자들로 조합된 보고서를 기준으로 고위관리자는 어떻게 미래의 사업전략을 구상하는지 궁금해졌다. 그래서 그 과정을 하나하나 챙기기 시작했다.

당시 그는 미국계 제약회사로 자리를 옮겨 일하고 있었는데, 그 무렵 업계에선 영업과정에서 과다한 활동비와 제품 채택비를 요구하는 것이 관행이었다. 특히 약품 채택비는 합법적으로 인정받을 수 없는 비용이어서 제약사마다 그 비용을 처리하는 방법을 두고 골머리를 앓고 있었다.

김효준은 수십억 원에 달하는 약품 채택비를 합법적으로 대체할 방법을 고민하다가 해당 분야 세법을 연구했고, 드디어 '임상실험비'라는 항목을 찾아냈다. 신약이 출시될 때마다 의사와 약사들에게 임상실험을 맡기고, 그 대가로 정당한 비용을 지불하는 합법적인 손비처리 방식을 도입할 수 있게 된 것이다. 한 관리부 직원의 '지적 호기심'이 막대한 손실을 초래해온 잘못된 관행을 근본적으로 바꾸어놓은 것이다.

'숫자'에 대한 그의 호기심은 다시 마케팅에 대한 관심으로 이어졌다. 김효준은 마케팅 현장에서 직접 고객을 만나보고, 고객서비스가 어떻게 이루어지는지를 경험했다. 그리고 그곳에서 얻은 아이디어를 해당 팀원들과 공유했다.

BMW에 CFO(최고재무책임자)로 입사한 이후에도 틈만 나면 직접 차를 파는 경험을 통해 마케팅의 다양한 기법들을 눈여겨보았다. 독일인 사장을 대신해서 까다로운 고객들의 불만사항을 해결하기 위해 지방을 수없이 돌아다녔고, 주말마다 서비스센터에 들러 일반고객들이 무슨 일로 서비스센터를 찾는지, 가장 큰 불만이 무엇인지를 눈여겨보았다.

그 과정에서 자동차 부품조달 소요기일 단축, 효율적이고 전문적인 부품관리를 통한 물류단가 절감 등 적극적이고 획기적인 제안들이 탄생했다. 방문서비스, 대차서비스, 예약제, 콜 센터 운영 등 고객서비스를 획기적으로 개선시킨 아이디어들도 김효준을 통해 나왔다.

한마디로, 업무가 효율적으로 돌아갈 수 있도록 돕는 것! 이것이 관리부 직원 김효준이 생각한 자기 몫의 일이었다. 그러나 김효준의 그런 행동은 보기에 따라서는 좀 튀는 행동이기도 했다. 때문에 처음에는 오해도 많이 받았다.

하지만 주변의 오해는 그리 오래 가지 않았다. 그의 타고난 천성이 너그럽고 겸손해서였다. 좋은 아이디어를 발견하면 해당 부서의 동료들을 통해서 제안하도록 하고, 본인은 행정적인 절차만을 뒤에서 조용히 돕는 식이다.

게다가 김효준의 관리부에 대한 생각은 좀 남달랐다. '회사 살림살이를 챙겨야 하는 관리부는 일반 가정으로 따지자면 주부 역할을 하는 곳이 아닌가? 한 집안의 주부가 식구들이 지금 무슨 일을 하고 있는지, 식구들의 수입이 얼마나 되는지 모른다면, 어떻게 규모 있는 살림살이를 꾸릴 수 있겠는가? 더불어 바깥에서 활동하는 남편의 기를 살리고 아이들이 편안하게 공부할 수 있도록 조용한 내조를 하는 것이 주부의 역할이 아니겠는가? 나는 지금 그런 주부의 역할을 하고 있는 것이다!'

상고 졸업장 하나 들고 세계 경영에 성공한 김효준. 그는 '호기심'이라는 지적 본능에 충실했고, 그 본능에 따라 업무의 영역을 넓히고 현실에 적용시킴으로써 지금의 자리에 올랐다. 자신이 잘할 수 있는 일에 호기심을 가지고, 다른 영역으로 반경을 넓히다보면 자신도 모르게 불쑥불쑥 성장해 있는 선순환 구조! 김효준은 이것을 '학습모험'이라 부른다.

그는 이상한 재무담당자였다

1986년, 미국 제약회사 신텍스 한국법인 창립 멤버로 입사할 당시, 관리부 차장이었던 김효준의 별명은 '이상한 재무담당자'였다. 그의 '호기심'이 뭔가 심상치 않은 '사건'과 엮였다는 말이다.

신텍스라고 하면 한국에서는 인사돌, 마테카솔 등 제법 알려진 약의 원료를 제공하던 유명 회사였으나, 당시 각종 규제 때문에 한국 내의 공장 설립 일정이 차질을 빚고 있었다. 공장 설립이 늦어지자, 허가는 이미 물 건너갔다는 비관론이 대두되면서, 미국 본사에서 파견한 외국인 사장이 투자 포기를 조심스럽게 검토하기 시작했다.

"공장 설립이 예정대로 되지 않아 한국 사무실을 철수시킬 생각입니다. 이곳은 당신을 포함해 다섯 명 정도만 남겨둘 예정인데, 이 부분에 대해 제안서를 한번 만들어보십시오."

사장의 말을 듣고 있던 김효준은 황당했다. 입사하자마자 낙동강 오리알이 되어서가 아니었다. 겨우겨우 어렵게 들어온 회사가 왜 공장도 못 세워보고 문을 닫게 됐는지, 200억이라는 거액의 예산까지 책정해놓은 프로젝트가 왜 이런 결론에 도달할 수밖에 없었는지 이해가 되지 않아서였다.

그런데 더욱 놀라운 사실은 회사 중역 가운데 그 이유를 정확하게 꿰고 있는 사람이 아무도 없다는 것이었다. 김효준이 관련 법규를 검토하기 시작한 것은 그때부터. 호기심이 다시 발동한 셈이다. 그렇게 혼자서 공장 설립에 관한 법규와 절차를 공부한 김효준은 생산담당 상무를 찾아가 자신도 문제해결에 도움이 될 수 있다면 최선을 다해보겠다고 제안한다. 예상대로 생산담당 상무의 반응은 냉담했다. 그리고 그것은 대부분의 사람들이 보인 반응과 크게 다르지 않았다. 회사 안에서 공장설립을 성사시켜보겠다는 그의 말에 귀 기울여주는 사람은 그리 많지 않았다.

그런데 본사 입장에서 보면 공장을 못 세우면 회사가 철수해야 하는 상황이니 밑져야 본전이었다. 본사는 관리부 차장인 김효준에게 공장설립에 관한 서류를 넘겨 더 자세한 검토를 부탁했다.

그로부터 두 달 후, 신텍스는 김효준에게 주목한다. 갈수록 태산 같았던 문제들이, 앓던 이 뽑듯 말끔하게 해결된 것이다. 그렇다면 김효준은 그 두 달 사이 대체 어떤 조화를 부린 것일까? 우선 발바닥에 땀이 날 때까지 뛰었다. 팔다리를 걷어붙이고 공장이 들어설 지역의 군수와 담당공무원들을 쫓아다니며 건실한 외자기업이 지역경제에 미칠 긍정적 효과에 대해 역설했다.

그런 다음 관련 법규에 맞게 설립허가서와 주변의 여건을 갖추어,

관련자들 스스로 공장 설립의 당위성을 인정하게 만들었다. 관리부 직원이 관리업무만 한 게 아니라, 회사경영의 '리베로' 역할까지 하고 있었던 것이다. '이상한 재무담당자' 김효준의 호기심에 힘입은 한국 신텍스는 이후 13명의 직원을 130여 명으로 늘리며 미국 본사가 스위스 로슈에 합병될 때까지 승승장구했다.

학벌은 곧 성공이란 공식은 없다

미국 신텍스가 스위스 로슈에 합병된 것은 1995년. 합병과 함께 한국 신텍스의 직원 모두는 정리해고 대상이 됐다. 대표이사 부사장으로 발령받은 김효준은 회사 청산 절차를 책임져야 하는, 어떤 의미에선 장례식의 '상주' 역할을 떠맡은 셈이었다.

그런데 김효준이 제시한 정리안이 매우 파격적이었다. 다른 다국적 제약사들이 일 년이 넘게 분규에 휘말려 있는 것을 교훈삼아, 직원들의 자긍심을 살리면서 동시에 유리한 조건으로 퇴직할 수 있는 윈-윈 협상안을 마련한 것이다.

그는 직원들을 잘 설득해달라며 한국 로슈측이 자신에게 제시한 인센티브까지 모두 직원들에게 나누어주며 한 달여 만에 모든 정리를 마감한 후, 함께 일했던 직원들을 한 명이라도 더 취직시키기 위해서 헤드헌터와 다른 제약사들을 방문하면서 동분서주했다.

한 헤드헌터사로부터 연락이 온 것도 이 무렵이었다. 내용인즉, BMW에서 재무담당 상무이사를 찾고 있는데, 면접에 참가하면 직원들의 취업에 도움을 주겠다는 것이었다. 이미 훌륭한 후보가 두 명 있으나, 세 명이 면접을 보아야 하는 규정 때문에 소위 '들러리' 역할을 요청한 것이었다. 하지만 그렇게 해서라도 10년을 한솥밥을 먹던 직원 한 사람이라도 더 취직시킬 수 있다면 못할 이유가 없었다. 실제로 그런 식으로 들러리를 서서 직원들을 취직시킨 일도 이미 몇 차례 있었다.

BMW에 면접을 보러 갈 사람은 김효준을 포함해 모두 3명. 한 사람은 미국 유명대학의 경영학박사, 한 사람은 유명 MBA 출신인데, 김효준만 상업고등학교 졸업장이 전부였다. 학벌로만 보자면 김효준을 뺀 나머지 두 사람 중 한 사람으로 결정될 일이지만, 본사에서 후보를 세 사람으로 맞춰달라 못 박았기 때문에 헤드헌터사 입장에선 김효준이 구색 맞추기 용으로 필요했던 것이다.

서울에서 두 번 인터뷰를 한 뒤 독일 본사에서 면접을 한다는 연락이 왔다. 내심 기대한 일이기는 했지만, 김효준은 꽤 오랫동안 망설이지 않을 수 없었다. 당시만 해도 국내 수입차 시장이 워낙 취약했고, 자동차는 그 동안 그가 일했던 분야와는 전혀 다른 새로운 세계였다. 게다가 그가 일한 파트너는 주로 미국계 기업이었다. 유럽 기업과 유럽 문화엔 문외한이나 다름없었다.

복잡한 머리를 정리할 생각으로, 국내외 자동차시장 관련 자료를 수집하기 시작했다. 그런데 쓸 만한 자료를 찾기가 만만치 않았다. 그 사실이 김효준의 '지적 호기심'을 자극했다. 돌아볼 과거나 참고할 만한 현재도 없는 새로운 산업이라는 사실이 그의 도전정신을 자극한 것이다. 김효준은 그런 생각들을 토대로 한국 수입차 시장에 대한 자료와 견해를 분석 정리한 '한국 수입차 시장 현황'이라는 두툼한 보고서를 작성한다. 독일행 비행기에 몸을 실으면서 그는 마음 한구석 어딘가에 든든한 지원군을 숨겨둔 듯 뿌듯했다.

그러나 현실은 여전히 녹록지 않았다. 본사에 가서 면접관을 포함해 만나는 사람마다 명함을 주고받아보니 전부 '닥터', '닥터'였다.

김효준은 '내가 지금 무슨 병원에 와 있는 것 아니야?'라고 농담을 하기도 했지만, 이 회사에서 일하려면 공부를 많이 해야 하나보다고 주눅이 들었던 것도 사실이다.

스무 명의 심사위원들 앞에서 진행된 면접, 김효준은 스스로에게 먼저 당당하자 마음먹었다. 그리고 자신의 짧은 가방끈에 대해서도 솔직하게 고백했다. 그 동안 어려운 생활여건 속에서 열심히 살았지만 바빠서 공부를 못했다. 그러나 앞으로 여건이 된다면 대학도 다니고 MBA도 할 것이라고 이야기했다. 그 다음은 기억이 잘 나지 않는다. 심사위원들이 무엇을 물었는지, 자신은 뭐라고 대답했는지 기억에 없다. 다만 학벌에 대한 막연한 불안과 불편함이 꽤 오랫동안 여진처럼 남아 있었다는 것만 기억할 뿐이다.

그리고 며칠이 느리게 지나갔다. 그의 집 전화벨이 울린 것은 만우

절인 4월 1일이었다. 전화를 받은 김효준은 자신의 귀를 의심했다.

"축하드립니다. 다음 5월 1일부터 함께 시작합시다."

합격을 알리는 그 말이 만우절 거짓말은 아닌가 싶었다. 그런데 나중에 들은 면접 후일담은 더 믿을 수 없었다. 스무 명의 심사위원들은 김효준을 뽑을 것인가 말 것인가에 대해 의견이 반반으로 나뉘었다고 한다. 반대하는 사람들은 '그 동안의 실무 커리어와 성과를 보면 그 누구보다 훌륭한데, 왜 자꾸 공부를 하겠다고 우기는지 모르겠다. 혹시 뽑아놓으면 회사일 안하고 공부만 하러 다니는 것 아닌지 모르겠다' 라고 했고, 찬성하는 사람들은 '그래도 한번 맡겨보자. 바탕이 잘 돼 있고 우리가 모르는 무엇인가가 있지 않겠는가.' 이렇게 팽팽하게 맞서다가 아슬아슬하게 뽑혔다는 것이다.

물론, 화려한 학벌과 막강한 배경을 자랑하는 경쟁자들을 따돌린 김효준의 진짜 경쟁력은 철저한 분석과 예리한 예측을 담은 두툼한 보고서와 한국 신텍스 등에서 쌓은 다양한 현장 경험이었다.

그로부터 13년, BMW 코리아의 '사장님' 김효준은 이렇게 말한다.

"그때 독일인 사장이 제게 학력이라는 것은 여러 참고사항 중 단지 하나일 뿐이지, 그것이 절대적인 사항이 될 수는 없다고 말씀하시더군요. 그래서 역시 큰 회사는 다르다는 생각을 했습니다. 저 역시 그 후에 사람을 뽑을 때 박사 출신도 뽑아봤지만, 많이 배웠다고 해서 꼭 일을 잘하는 것은 아니었습니다."

입사 5년 만에 사장 자리에 오르는 초고속 승진, 연평균 70% 이상의 매출성장률로 '학벌은 곧 성공'이라는 세간의 공식을 깨뜨린 BMW 한국 사장 김효준.

학습모험을 감행할 줄 아는 용기, 그 지적 호기심이 상고 출신 관리부 직원을 12만 대 1의 경쟁률을 자랑하는, 세계 유수의 MBA 출신들도 미역국을 마신다는 BMW 현지사장 자리, 그리고 아시아인으로는 유일하다는 본사임원 자리까지 오르게 했다. '호기심'이 나라님도 못 바꾼다는 '팔자'를 바꾼 것이다.

어디에서나 상식의 힘은 세다

1995년 BMW 입사 일주일째, 독일 본사에서 전표가 왔다. 그런데 재무담당 상무로 관리 업무를 책임지고 있던 김효준은 전표에 적힌 내용을 전혀 읽을 수가 없었다. 전표가 독일어로 쓰여 있었기 때문이다. 영어는 잘했지만 독일어는 전혀 몰랐던 그는 적잖이 당황했다. 사실, 입사 당시 인터뷰를 할 때에도 그에게 독일어를 할 수 있느냐고 물은 사람은 아무도 없었다.

김효준은 즉석에서 한 통의 편지를 쓰기 시작했다. 독일 본사에 전표를 영문으로 바꿔서 다시 보내달라는 내용이었다. 그런데 이 한 통의 편지가 BMW 본사 안에서 회자가 됐던 모양이다. BMW 코리아 사장이 김효준을 긴급 호출했다. 과학자 출신인 사장은 이해할 수 없다는 표정으로 물었다.

"김 상무는 왜 번거롭게 그런 편지를 본사에 보냈습니까? 독일어를 모르면 나한테 와서 물어보면 될 텐데, 굳이 영어로 다시 적어보내라고 할 것까지 있었습니까?"

일면 맞는 말이었다. 그러나 김효준은 물러서지 않았다.

"예, 사장님 말씀처럼 독일어 전표를 가져와서 물어볼 수도 있었습니다. 그렇게 했으면 이번 한 번은 그냥 넘어갔겠지요. 하지만 앞으로도 계속 전표를 주고받을 일이 많을 텐데, 그때마다 매번 사장님께 들고 와서 번역을 부탁드려야 할 것 아닙니까? 그렇게 되면 제가 제 역할을 못할 게 뻔한데, 그건 정말 비효율적일 것 같습니다. BMW 정도 되는 글로벌 기업이 결재문서를 영어로 사용하는 건 업무효율을 높이는 데 도움이 됐으면 됐지 마이너스는 아닐 겁니다. 게다가 저희 직원들 대부분이 독일어보다는 영어가 편합니다. 제 경우를 봐도 입사할 때 저한테 독일어를 할 수 있느냐고 물어본 사람은 아무도 없었습니다."

말문이 막힌 사장은 더 이상 김효준에게 편지에 대해 묻지 않았다.

그날 이후 BMW 코리아의 모든 전표는 영어로 표기됐다.

김효준이 생각하는 변화, 혁신의 출발점은 거창한 데 있지 않다. 과거 선배들이 그렇게 해왔기 때문에 관습적으로 반복되는 수많은 경제적 행위가 과연 모두 효율적인가 상식적인가를 묻는 것이다. 변화는 누구나 고개를 끄덕일 수 있는, 인지상정의 마음이 될 수 있는 '상식'의 선 위에 있다.

진짜 공부, 무학자습의 효과를 보다

무학자습(無學自習), 김효준이 좋아하는 단어 중 하나다. 강의실이 아닌 현장에서 온몸으로 부딪치며 제대로 산다는 게 무엇인지, 그 안에 내 역할은 무엇인지를 스스로 찾아가는 게 '진짜 공부'라는 말이다.

IMF 당시 대부분의 수입자동차업체들이 한국에서 철수할 때의 일이다. 1995년 한국시장에 처음 진입한 BMW 코리아 경영진 역시 철수냐 축소냐를 놓고 고민에 빠져 있었다. BMW 코리아 직원과 딜러의 대부분이 실업자가 될 위기에 빠진 것이다.

그런데 궁즉통(窮卽通)이라고 했던가. 사면초가에 몰린 이때, 김효준의 머리를 스치고 지나가는 말이 하나 있었다. '위기는 기회다!' 그는 철수를 준비하고 있던 독일 본사에 다음 세 가지에 해당하는 세부 시나리오를 제안한다.

첫째, 외환위기를 기회로 삼아 더 적극적이고 공격적인 마케팅을 전개한다.

둘째, 경영 규모를 1/3 수준으로 축소한다.

셋째, 한국에서 완전 철수한다.

독일 본사는 김효준의 첫 번째 시나리오를 선택한다. 이제 막 형성되기 시작한 수입차 시장을 포기하고, 공들여 양성한 전문가들까지 잃어버릴 수는 없다는 그의 주장을 받아들인 것이다. 그렇다면, 유사 이래 최악의 경제위기로 불리는 IMF의 파도 앞에서 김효준은 어떻게 깐깐하기로 소문난 BMW 본사 경영진을 설득시킬 수 있었던 것인가. 바로 무학자습의 효과다.

1957년생인 김효준은 그 자신이 산업화를 거쳐 글로벌 리더로 성장한 한국경제의 주역이다. 그는 우리 경제의 성장 동력인 우수한 인재들과 한강의 기적이 낳은 풍부한 산업 인프라, 국가적 위기를 극복해온 우리 민족의 저력을 믿었다.

김효준은 자신의 믿음을 뒷받침할 다양한 분석 자료들을 본사 경영진의 마음을 움직이는 데 적극 활용한다. 그의 이런 노력에 힘입어 한국의 외환 위기는 단기간에 극복될 것이라는 인식이 본사 내부에 빠르게 확산됐다.

그럼에도 불구하고 본사 입장에서 보면 한국은 아직 규모가 작은, 굳이 위험을 무릅쓰고 모험을 할 이유가 전혀 없는 시장이기도 했다. 김효준은 보다 본질적인 문제, 즉 자동차산업에 대한 데이터적 접근을 시도한다.

그는 일본 수입자동차 시장에 대한 자료를 치밀하게 분석해 한국 자동차시장의 5년, 10년 후의 판도를 예측하는 보고서를 만들었다. 왜 한국의 수입차 시장규모가 커질 수밖에 없는가를 설명한 이 보고서에서 그는 시장보호만이 능사는 아니라면서 수입차 시장개방이 모두에게 윈-윈이 되는 전략이라고 주장한다.

실제로 일본은 60년대 후반까지 전세계 자동차시장을 석권하다시피 한 자동차회사가 11개사나 있었다. 당시 EC와 미국에서 일본시장을 열기 위해 엄청난 압력을 가했지만, 일본은 자국의 자동차산업 보호를 위해 빗장을 풀지 않았다. 대신 건설중장비산업을 개방했다. 그러자 일본의 건설중장비 회사들은 회사의 명운을 걸고 연구개발과 인재양성에 투자했고, 반면 자생력을 잃어버린 자동차 회사들의 경영은 방만해졌다. 그 결과, 일본시장에서만 활동했던 건설중장비 업체인 고마쓰는 세계시장 점유율 50%에 육박하는 글로벌기업으로 다시 태어난 반면, 많은 일본 자동차업체는 해외업체에 흡수 합병되거나 없어져서, 명실상부하게 살아남은 일본 자동차 메이커는 겨우 2개사에 불과했다.

김효준이 BMW에 공격적인 마케팅을 제안했던 90년대 후반 한국의 자동차시장도 비슷한 상황이었다. 정부는 외제차의 수입을 법으로 규제하고 있었고, 국산차 브랜드들은 국민들의 애국심에 호소하고 있었다.

'조롱의 새가 날지 못하는 이유는 강한 날개가 없어서가 아니라

날짐승의 본능을 잃어버렸기 때문이다.'

김효준은 한국이 수입차 시장을 개방한다고 해서 국내 자동차산업에 위기가 오는 건 아니라고 생각했다. 오히려 적당한 긴장감은 적극적인 연구개발 투자로 이어질 것이고, 그러다보면 국내 메이커들은 경쟁력 있는 글로벌 메이커로 성장하고, 고객들을 향한 자동차 회사들의 경쟁은 더욱 가속화될 것이라고 믿었다. 그래서 BMW 정도 되는 규모의 글로벌기업이 지금 당장 상황이 나쁘다고 철수했다가는 오히려 더 큰 손실을 입을 수 있다고 본사 경영진을 설득했던 것이다.

독일 본사는 곧 철수계획을 백지화하고 시장 선점을 위한 투자에 나섰다. 지난 40여 년 동안 단 한 차례도 적자를 낸 적이 없는 BMW가 유일하게 적자를 보고 있는 곳이 한국이었지만, 직원을 정리해고 하는 대신 딜러를 보강했고, 전시장을 늘렸으며, 특급 호텔에서 신차 발표회를 성대하게 여는 등 고객과 시장을 위한 투자를 늘려나갔다.

그리고 2년 후, BMW 코리아의 사장이 된 김효준은 아셈(ASEM, 아시아유럽정상회의)을 도약의 발판으로 활용한다. 그는 외교통상부를 수시로 드나들면서 BMW가 26개국 아셈 정상들의 의전용 차량으로 채택되는 데 결정적 역할을 한다.

우리나라에서 주관하는 국제행사에 왜 외제차를 쓰느냐는 공무원들에게 'BMW와 현대차를 함께 쓰면 자동차시장 개방에 대해 불만을 품고 있는 유럽 정상들에게 한국이 결코 폐쇄적인 시장이 아니라는 걸 보여줄 수 있을 것'이라고 설득한 것이다.

지성이면 감천이라고 했던가? 6개월에 걸친 설득작업 끝에 아셈 의전차량 266대 중 107대가 BMW로 선정됐다. BMW 코리아 입장에선 두 마리 토끼를 모두 잡은 셈이었다. 소비자들에게는 세계정상들이 타는 최고급 차량이라는 이미지를 각인시키고, 위정자들에게는 한국 자동차시장의 유연성이라는 명분을 제공함으로써, BMW를 한국인이 가장 선호하는 외제차 순위 1위에 올려놓았기 때문이다.

BMW 코리아는 그렇게 김효준의 무학자습에 힘입어 IMF의 파도를 넘었고, 한국 수입명품차 시장에서 부동의 1위 자리를 고수하며 오늘에 이르고 있다.

투명하고 강한 건 다이아몬드만이 아니다

김효준이 BMW에 입사한 지 2년째 되던 해의 일이다. 어느 날 갑자기 본사 감사팀에서 정기적인 감사를 나왔다. 3주 동안 온갖 서류를 이 잡듯 점검하면서 천 원짜리 한 장까지 꼼꼼하게 챙기는, 정말 지은 죄 없이도 오금이 저릴 그런 상황이었는데, 잔뜩 긴장한 채 감사 결과를 기다리고 있던 직원들에게 던진 감사 책임자의 첫마디는 다행히 칭찬이었다. 짧은 시간에 회사의 시스템이 잘 정리되었고, 관리도 아주 훌륭하게 운영되고 있다는 것이다.

직원들이 일제히 안도의 한숨을 내쉬는데, 바로 감사팀장의 말이 이어졌다.

"회사는 아주 훌륭하게 운영했는데, 딱 하나 문제가 되는 게 있습니다. 관리책임자인 김효준씨가 국제면허증을 내면서 왜 수입인지 대금 4,500원을 회사 돈으로 냈는지 해명을 해주셔야겠습니다."

김효준은 당황하지 않을 수 없었다. 그 국제면허증은 업무 협의차 독일 본사에 들어갈 일이 생겨서 발급신청을 한 것이기 때문이다. 한국 기업에서라면 전혀 문제될 게 없는 관행이었다.

"업무용으로 사용하려고 만든 국제면허증인데 수입인지 값을 회사 돈으로 내는 게 왜 문제인가요?"

김효준은 '관행'이라고 항변해봤지만, 감사팀장의 태도는 단호했다.

"당신이 국제면허증을 받으면 독일에서도 쓰겠지만, 개인적으로 해외여행을 할 때도 쓰지 않겠습니까? 그러니까 수입인지대 4,500원 중 절반은 회사가 내더라도 나머지 절반은 본인이 내는 것이 옳다고 생각합니다. 그리고 이제부터 공과 사를 구분하지 못하는 관행은 버려도 좋습니다!"

김효준은 이때 알았다. 단돈 4,500원에도 공과 사를 분명히 나눌 줄 아는 투명함이야말로 글로벌 기업 BMW의 가장 강력한 경쟁력이라는 것을!

한 번은 이런 일도 있었다. 김효준이 BMW 사장이 된 지 얼마 되지 않았을 때였다. 정부에서 지방경제를 활성화시키기 위해 서울에 있는 본점이나 본사를 지방으로 이전하는 외국기업에게는 향후 10년간 세금을 감면해주는 제도를 시행했다.

정보를 입수한 담당 회계법인이 본점 소재지를 지방으로 이전하고, 서울 사무실을 영업소 형태로 운영하면 최소 천억 원 이상의 세금을 절약할 수 있다며 본점의 지방 이전을 조심스럽게 조언해왔다. 뭔가 어색하기는 했지만, 천억 원 이상을 절약할 수 있다는 말에 마음이 움직인 김효준은 본사측에 전화를 했다. 그러나 이야기를 꺼내자마자 저쪽에서 불같이 화를 냈다.

"열심히 일해서 많은 이익을 내는 게 기업의 목표고, 이익을 얻은 만큼 국가에 세금을 내는 게 기업의 당연한 의무 아닙니까? 세금을 많이 낸다는 것이 기업 최후의 자랑이지요. 그런데 세금을 줄이기 위해 BMW 정도 되는 기업이 지방으로 소재지를 옮기는 편법을 쓴다는 게 말이 됩니까? 이게 겨우 생각한다고 낸 아이디어입니까?"

김효준은 자신도 모르게 얼굴을 붉혔다. 일하는 사람의 생각이 일류면 기업도 일류, 일하는 사람의 생각이 삼류면 기업도 삼류가 되고 마는 것이다.

수입인지대 4,500원을 누구 돈으로 냈느냐를 따지는 '쪼잔함' 과 천억 원의 유혹을 단칼에 베어버릴 줄 아는 '대범함' 사이를 오가면서 그는 경영비용의 투명한 집행이야말로 기업의 가장 강력한 경쟁력이라는 걸 배웠다.

현재, BMW 코리아의 모든 직원은 8시간 이상 걸리는 해외출장을 나갈 때 비즈니스클래스를 이용한다. 그러나 8시간을 넘지 않을 경우엔 모두가 이코노미클래스다. 해외출장으로 쌓인 항공 마일리지까지 모두 회사에 귀속된다. 출장 중 본사나 다른 해외지사로부터 접대를 받을 경우에는 그 경비만큼 출장비에서 공제된다. 그러니 업무 핑계 대고 적당히 서로에게 접대받을 생각은 아예 엄두도 낼 수 없다.

그래서일까, 김효준은 부하 직원들을 말할 때 '무조건 믿을 수 있는 사람들'이라고 했고, 직원들은 그를 '무조건 믿을 수 있는 시스템'이라고 불렀다. 투명하고 강한 건 다이아몬드만이 아니다.

글로벌 리더에게 '국적'은 없다

"경영은 수많은 의사결정의 과정이며 리더십은 그러한 훈련의 결과이다."

김효준은 관리자와 비관리자의 차이는 스스로 결재권을 행사할 수 있느냐 아니냐의 차이라고 말한다. 예를 들어, 천만 원짜리든 십만 원짜리든 회사 수표에 사인을 하면서 이 돈을 쓰는 일들이 회사에 도움이 되는지 안 되는지 밤새워 고민하면서 최종 결정을 할 수 있는 사람은 관리자지만, '내가 사인해도 위에 부장이나 이사가 한 번 더 보고, 결국은 사장이 최종 결정할 텐데' 하는 마음으로 한다면 사장을 제외한 모두가 비관리자에 불과하다는 말이다.

그래서 그는 인재를 키우는 방법으로 '권한위임' 만한 것이 없다고 믿는다. 직원들을 믿고 과감하게 일을 맡기는, 그러나 일이 생기면 기꺼이 스스로 책임을 떠안을 수 있는 김효준의 리더십에 직원들은 기꺼이 최선을 다하며 일을 즐기기 시작했다.

김효준이 아시아인 최초로 BMW 본사임원이 됐을 때, 스스로에게 가장 힘주어 약속한 일 가운데 하나가 글로벌 인재육성 프로젝트다. 그도 그럴 것이 아시아 시장은 날로 커지고 있는 반면, BMW 직원 12만 명 가운데 아시아인 임원은 김효준 한 사람뿐이기 때문이다.

김효준이 특별한 애정을 가지고 추진 중인 '글로벌 인재육성 프로젝트' 는 차세대 아시아 전문가를 육성해 글로벌 리더로 만들자는 취지에서 지난 2000년에 시작한 일이었다. 한국에서 일을 잘했던 직원들은 독일 본사에 가서도 똑 소리가 났다. 일처리를 잘하다보니, 날고 긴다는 세계의 영재들 속에서도 인정을 받아 아예 독일에 눌러앉는 경우까지 있다.

지금도 3명의 직원들이 독일에서 근무하고 있는데, 가장 먼저 본사에서 계약 연장을 요청해온 이는 스물일곱 살의 여성 대리였다. 그녀는 지금 독일 본사와 직접 계약한 매니저로 훌륭하게 성장하고 있다.

필리핀과 뉴질랜드, 미국 등지에도 김효준이 보낸 한국인 인재들이 진정한 글로벌 리더가 되기 위해 세계 유명 MBA 출신, 박사 출신들과 어깨를 겨루고 있다.

배도 만들고 자동차도 만드는 세계 12위의 경제대국, 대한민국! 그러나 김효준은 그 옛날을 기억하고 있다. 전쟁의 폐허 속에서 머리카락을 잘라 가발을 만들어 수출했던 나라, 티셔츠를 만들었던 나라, 신발을 가공했던 나라, 그때 우리에게 희망은 오직 '사람' 뿐이었다.

그리고 50년이 지난 지금, 김효준의 희망은 여전히 '사람'이다. 한국인 인재들에 의한 글로벌 경영, 이것이 바로 김효준이 꿈꾸는 대한민국이다.

호랑이를 잡으려면 호랑이 굴로 들어가라

김효준의 인재육성법은 그 자신의 경험을 상당부분 차용한 것이다. 한국 신텍스에 근무할 당시 김효준은 전세계 1만 2천여 명의 직원 가운데 베스트 5에 뽑히기도 했고, 부사장에 발탁되기도 했다. 그런 그가 관리부 차장으로 입사하고 얼마 지나지 않아, 해외파견 근무 명령이 떨어졌다. 미국 본사 기획실과 캐나다 지사에서 각각 두 달씩 업무관련 교육을 받으라는 것이다. 김효준은 왜 관리 담당자를 본사 기획실까지 보내 근무를 시킬까 궁금했었다.

그로부터 8년 후, 한국 신텍스의 부사장이 된 김효준은 자신의 인사기록에서 다음과 같은 내용을 발견한다.

'이 사람은 차차기 또는 차차차기 사장이 될 만한 재목이다. 왜냐하면 첫째, 다양한 분야의 실무경험이 풍부하고, 둘째, 전체적인 그림을 보고 항상 균형 있는 사고와 행동을 하기 때문에 매사에 무리가 없이 ‘지극히 상식적’으로 행동하며, 셋째, 커뮤니케이션 스킬이 뛰어나다. 그래서 문제를 풀어나가고 남을 설득하는 데 남다른 재주가 있다.’

본사파견 근무는 그의 실무능력은 물론 사고방식까지 철저하게 관찰, 분석한 ‘차세대 CEO 육성 프로그램’의 일부였던 것이다.

실제로 이 기간 동안 김효준은 글로벌기업의 조직이 어떻게 구성되고, 세계 영업망은 어떻게 운영되고 있는지, 그룹 리더들의 5년, 10년 뒤의 비전은 무엇인지, 그리고 그들의 전략 구성은 어떻게 이루어지는지를 배웠다.

차세대 인재육성 프로그램의 수혜자인 그가 사장이 된 후 가장 먼저 손을 댄 건 조직도의 개편이었다. 그는 맨 위에 사장, 그 다음이 임원, 하는 식의 조직체계를 맨 위에 고객, 그 다음 딜러, 딜러 지원부서, 임원, 맨 아래에 사장을 두는 체계로 완전히 뒤집었다. 일종의 역발상이다. 그는 딜러가 만족해야 고객이 만족하고, 고객과 딜러가 모두 만족해야 비로소 사장의 일이 끝난다고 생각한다. 여기에 같이 일하는 사람들끼리 같은 철학을 공유하고 같이 성장할 수 있다면 금상첨화다.

기업의 성공이란 결국 제품과 서비스에 녹아 있는 차별화된 철학이나 가치가 시장에 있는 최종고객에게 가감 없이 전달될 때만이 가능한 것이다. 그렇게 본다면 내부직원들과 협력업체들 간의 공고한 신뢰구축 역시 중요한 부분이다.

상고 졸업장 하나로 세계적인 글로벌 기업의 CEO가 된 남자 김효준은, 그 자신의 말처럼 남만큼 배우지도 못했고, 남만큼 가진 것도 없었다. 차고 넘치는 건 호기심과 열정뿐! 그렇게 앞만 보고 달리다 어느 날 갑자기 가장 앞줄에 서 있는 자신을 발견했다.

그런 그가 이제 차세대 글로벌 리더를 키우는, 글로벌 비전을 꿈꾼다.

"국내에서 싸울 필요가 전혀 없습니다. 우리 젊은이들, 충분히 세계 경쟁력이 있습니다. 우리 세대가 맨주먹으로 도전해 다국적 기업의 현지 CEO 자리에 올랐다면, 후배들은 본사나 제3국으로 가서 진정한 의미의 글로벌 리더, 초국적 리더가 돼야 합니다. 글로벌 리더에겐 국적이 없기 때문입니다. 그렇게 되기 위해선 외국어는 필수이고 자신의 분야에서 최고 전문가가 되어야 합니다. 그리고 그 전문 분야를 다른 분야와 접목할 수 있는 융통성을 지녀야 합니다. 세상은 끊임없이 바뀌어나갈 텐데, 그 변화를 유연하게 수용하는 열린 마음, 열린 자세를 갖고 세계를 장대한 열정으로 품어나가는 길이 우리 젊은이들이 가야 할 길입니다."

02

감성으로 무장한 부드러운 카리스마

— 커민스 아시아 김종식 사장

"50대? 그의 도전은 무죄입니다. 20대? 그의 실패는 성공의 발판이죠.
난 뭔가를 해보겠다는 마음이 제일 중요하다고 생각해요.
그래야, 실패도 성공도 경험해볼 수 있잖아요?"

|주요이력|

1955년 출생

1973년 서울대학교 공업교육과 졸업(기계공학 전공)

1983년 미국 일리노이공대 기계공학 석사

1986년 미국 퍼듀공과대학 기계공학과 박사

1986년 ㈜대우 캐리어 입사(기술부 차장)

1986년 ㈜커민스 엔진 입사(중앙연구소 선임연구원)

1991년 ㈜커민스 코리아 초대 대표이사 사장 부임

1999년 스탠포드대학-국립싱가포르대학 최고경영자과정 수료

2000년 ㈜커민스 동아시아 본부장 겸 중국 사장으로 중국 및 한국 비즈니스 총괄

2003년~ 현재 커민스 엔진 사업부 아시아 담당 본부장 겸 커민스 코리아 대표이사

2005년~ 현재 다국적기업 최고경영자협회(KCMC) 부회장

2006년~ 현재 고려대학교 국제대학원 겸임교수

2007년~ 현재 성균관대학교 아시아 MBA 과정 특임교수

CEO이기 전에 먼저 '멘토'가 되라

주말 오후, 매끈한 오토바이 한 대가 용인의 한 리조트 건물 앞에 달려와 멈춰 선다. 그런데 오토바이에서 내려 헬멧을 벗어든 사람은 20대 젊은이가 아니라 로맨스 그레이의 중년신사, 김종식이다.

김종식은 세계 최대 디젤 엔진 메이커인 커민스의 엔진사업부 아시아총괄 사장. 오토바이를 타고 달리는 그를 본 지인들 중에는 "그 나이에, 그만한 자리에 계신 분이 웬 오토바이냐"고 묻는 경우가 많다. 그도 그럴 것이, 15분 단위로 스케줄을 쪼개면서 실고 있는 질나가는 글로벌 기업의 CEO가 '젊은이들의 장난감'으로 통하는 오토바이를 배우고, 즐기기까지 한다는 것을 누가 상상이나 했겠는가?

그런데 김종식의 대답은 꽤 심플하다. 나이가 들고 은발이 늘어나면서 스스로에게 이런 질문을 던지는 날이 많아졌다는 것이다.

'나는 지금 새로운 일에 도전하고 있는가?'

'나는 새로운 도전을 할 만큼 깨어 있는 사람인가?'

한마디로, 지금 '행복한 변화'를 위해 새로운 것에 도전하고 있다는 말이다.

오토바이를 좋아하고, 오토바이 타는 것을 즐기는 그이지만, 오토바이를 다루는 솜씨로 치자면 아직 '선수'는 못 된다. 1년 365일 중 60%는 해외출장 중이고, 그나마 출장에서 돌아오는 날도 집 대신 회사로 가야 하는 바쁜 스케줄인지라, 오토바이를 탈 시간이 그리 많지 않기 때문이다.

그래서 가끔은 오토바이를 타고 달릴 때면 겁이 나기도 한다. 그래도 그는 늘 새로운 것을 배우는 사람, 그래서 늘 깨어 있는 CEO이고 싶다. 나이가 든다는 것은 보다 지혜로울 수 있는 무형의 자산을 가졌다는 것, 노회한 경험을 갖게 됐다는 걸 의미하는 동시에, 젊은 시절에 가졌던 열정과 도전정신이 무디어질 수 있다는 걸 의미하기 때문이다.

김종식은 적당히 무디어지려고 하는 자신을 끊임없이 경계하면서 좋은 리더이자 좋은 멘토가 되려고 노력한다. '실적 좋은 기업가'보다는 직원들이 자신의 능력을 충분히 발휘할 수 있도록 자극을 주고, 이끌어주는 선배로 기억되고 싶은 것이다. 그런 그가 후배이자 성장의 파트너인 젊은 직원들에게 들려주는 인도 우화가 하나 있다.

"고양이만 보면 무서워서 어쩔 줄 몰라 하는 쥐가 안타까웠던 신이 어느 날 그 쥐를 고양이로 만들어주었습니다. 고양이가 된 쥐는 이번에는 개를 보자 무서워 어쩔 줄 몰라 했습니다. 그래서, 신은 고양이를 개로 변신시켰죠. 개로 변한 쥐는 어떻게 되었을까요? 이번에는 호랑이만 보면 무서워 벌벌 떠는 겁니다. 신은 화가 났지만 꾹 참고 호랑이로 변신시켰습니다. 그랬더니, 호랑이가 된 쥐는 포수만 보면 무서워서 벌벌 떨었습니다. 화가 머리끝까지 난 신은 고양이가 되고, 개가 되고, 호랑이가 되어서도 늘 쥐의 마인드로 사는 못난 그 녀석을 다시 쥐로 되돌렸답니다. 쥐로 살 것이냐, 호랑이로 살 것이냐 그것은 순전히 우리 마음에 달렸습니다."

김종식은 '행복한 변화'를 만들기 위해선 좋은 멘토를 찾아야 한다고 강조한다. 실제로 그는 주변의 많은 사람들에게 배운다. 고객들의 취향을 일일이 기억해두었다가, 그의 입에 맞는 커피를 내놓는 커피숍의 매니저에서부터 매너 없는 고객이 부리는 온갖 심통을 꾹 참고 끝까지 웃으면서 최선을 다하는 골프장의 캐디, 동정심으로 거저 주는 돈은 단 한 푼도 받지 않는, 하나못해 피리라도 한번 불어주고 나서야 돈을 받는 인도의 걸인들까지 프로정신으로 무장한 그들이야말로 살아 있는 배움의 제공자들이다.

그러나 김종식의 오늘이 있기까지 누구보다 큰 영향을 준 멘토는 그의 상사들이었다. 1986년 김종식이 막 공학박사 학위를 받고 커민스 본사 중앙연구소의 연구원으로 입사했을 때였다. 오리엔테이션을 받다가 잠시 쉬는 시간이었는데, 건장한 중년의 미국인이 먼저 다가와 정중하게 악수를 청했다. 얼떨결에 악수를 하고 보니, 그가 바로 세계적인 글로벌 기업 커민스의 회장 겸 CEO였다. 백인 영재들 틈에 끼어 있던 동양인 젊은이에게 먼저 다가와 정중하게 악수를 청하면서 자기소개를 하던 회장, 김종식은 그의 소탈한 모습에 반해 버렸다. 제왕적 CEO들이 경영하던 그 당시 한국 기업에서라면 상상할 수도 없는 일이 일어난 것이다.

김종식에게 '제대로 악수하는 방법'을 알려준 본사 부사장 역시 그의 멘토 중 한 사람이다. 어느 날 김종식과 악수를 하고 난 후, 부사장이 빙그레 웃으며 말했다.

"대부분의 서양인들은 당신보다 손이 크니까 악수할 때는 힘을 주세요."

'각인!'

그랬다. 악수는 손과 손의 스킨십을 통해 나의 이미지를 각인시키는 기술이었다. 부사장은 한국에서의 정중한 악수가 서양인들에게는 소극적으로 보일 수도 있다는 것을 솔직하게 지적해준 것이다.

의도적인 가르침이 아니라 일상 속에서 자연스럽게 깨우쳐준 상사들의 말과 행동. 하지만 그 효과는 놀라웠다. 김종식은 상사들과의 관계에서 배운 그들의 장점을 스펀지가 물을 흡수하듯 흡수해서 자기 것으로 만들었다. 그리고 20년, 이제 그들과 어깨를 나란히 하게 된 김종식이 부하직원들에게 말한다.

"당신의 발전을 위하여 솔직하게 당신의 약한 점을 지적해주는 상사들보다 더 좋은 멘토는 없습니다!"

뻔뻔한 영어, Fun Fun 비즈니스를 터득하다

영어와 관련한 우스갯소리가 있다. 미국 사람들은 한국 유학생들에게 세 번 놀란다고 한다. 첫째, 토익이나 토플 점수가 높은 것에 놀라고, 둘째, 그럼에도 불구하고 영어를 제대로 말하지 못하는 것에 놀라고, 셋째, 그렇게 영어를 못하면서도 대학이나 대학원을 졸업해 학위를 받는 것에 놀란다고 한다.

1년의 60% 이상을 해외에서 보내고, 일과의 대부분이 영어로 진행되는 회의에 참석하는 김종식에게도 영어는 쉽지 않은 도전이었다.

고등학교 때부터 영자신문 기자도 하고 미국인 친구들을 사귀는 등, 영어에 관한 한 누구보다도 자신 있었던 김종식이 대학을 졸업하고 미국 유학길에 올랐을 때였다. 이때 처음으로 비행기를 탔는데, '화장실'을 찾을 수 없었다. 그 어디를 봐도 'WC'라고 쓰인 곳이 없었다. 그에게 화장실은 'WC'이어야 했는데 그런 사인이 없었던 것이다. 당황해 있던 그의 눈에 사람들이 'lavatory'라고 써진 곳을 들락날락하는 것이 들어왔다. 화장실이었다.

김종식은 그 일로 크게 충격을 받았다. 그렇게 오랫동안 영어공부를 해왔고 나름대로 영어를 잘한다고 자부해왔는데, '화장실'에 'lavatory' 라는 단어가 있다는 사실을 알지 못했던 것이다.

그리고 깨달았다. 우리가 아무리 영어를 완벽하게 하려고 노력해도 미국인이나 영국인 또는 모국어로 영어를 사용하는 사람들과 똑같은 수준으로 영어를 할 수는 없다는 것을. 미국인들이 한국에 와서 아무리 한국어를 잘해도 그냥 '한국말을 꽤 하는 외국인' 수준에 불과한 것이나 마찬가지라는 것을.

그래서 좀 뻔뻔해지기로 했다. 우선 '모르는 것을 모른다고 하고, 아는 것을 안다' 고 말하기다. 그래야 오해도, 실수도 적다.

중요한 스피치일수록 간결하게, 천천히 말한다. 비즈니스영어는 모름지기 유창함보다는 논리! 정확하고 논리적인 단어 서너 개면 충분하다. 이메일은 중요할수록 짧게 쓰고 도표 등을 최대한 활용한다. 시간과 싸우는 본사 중역들에게 장황한 보고서는 금물! 가능한 한 아침에 작성해 오후에 다시 읽어보고 보낸다. 오전과 오후에 생각이 일치하면 그만큼 실수도 적다.

원어민이 아니면서 원어민들을 설득하고 고객의 입장을 대변해야 하는 글로벌 CEO 김종식, 그가 PDA를 몸에 지니고 다닌 지도 벌써 10여 년이 됐다. 그 10년 동안 김종식의 손을 떠난 적이 없다는 이 PDA에는, 영어 발음이 음성으로 재생되는 영어사전이 들어 있다. 잘 모르거나 혹은 혼동되는 단어가 나올 때마다 그 자리에서 바로 확인하기 위해서다.

김종식은 영어를 공부할 때는 구체적인 목표를 정하고 시작하는 것도 좋은 방법이라고 말한다. 그 역시 미국의 시사 주간지인 「타임스」를 읽을 때면, 1페이지당 모르는 단어가 서너 개를 넘지 않는 것을 목표로 했었다. 낯선 단어가 나오거나 발음이 어려운 단어를 발견할 때마다 사전과 PDA를 활용해 확인하고 외운 덕분에, 그는 더 이상 외국인과의 영어 대화에 부담을 느끼지 않는다.

영어로 비즈니스를 해온 지 20여 년, 김종식의 영어는 간결하지만 힘 있고 정확하다. 그가 부하직원들에게 요구하는 것도 간결하고 정확한 영어, 비즈니스의 세계에선 매끄럽거나 화려한 수사적 영어보다도 뜻을 정확하게 전달하는 영어가 더 중요하기 때문이다. 그래서 영어 잘하는 비법을 묻는 부하직원들에게 이렇게 말한다.

"영어를 외국어로 생각하지 말고, 상대에게 내 뜻을 가장 정확하게 이해시킬 수 있는 커뮤니케이션 수단이라고 생각해봅시다. 한 문장을 서너 단어 이하로 줄여 말해보는 연습도 좋습니다."

김종식은 또 영어 콤플렉스를 극복하는 방법으로, '사전준비'를 강조한다. 화상회의를 하든 전화통화를 하든, 자신이 대화를 나눌 주제와 인물에 대한 배경지식을 미리 알고 있으면, 비록 영어가 완벽하지 않더라도 상대를 설득하기가 훨씬 쉽다는 것이다.

그러나 뭐니 뭐니 해도 가장 좋은 방법은 얼굴을 맞대고 얘기를 나누는 것이다. 아무리 기술이 발달해도 얼굴을 직접 보고 얘기하는 것보다 빠른 문제 해결법은 없기 때문이다. 그래서 그는 적어도 분기에 한 번 이상은 편리한 화상회의 시스템을 접어둔 채 아시아지역 매니저들과 직접 만나 이야기하고, 직원들에게도 본사나 공장을 방문해 담당자들과 얼굴을 마주하고 문제를 풀도록 유도하고 있다.

"뻔뻔하게 얼굴을 맞대라, 그러면 당신의 비즈니스가 펀(Fun)해진다!"

'작지만 강한 조직'을 추구하다

김종식이 이끄는 커민스 엔진사업부의 아시아본부 역할을 하는 커민스 코리아의 직원은 모두 34명. 한국, 일본, 싱가포르, 태국, 인도네시아, 말레이시아, 베트남 등 13개국을 관할하는 본부라고 하기에는 좀 작은 듯한 느낌이 드는 규모다.

그러나 김종식의 생각은 좀 다르다. IT기술의 발달로 모든 정보가 빠르고 투명하게 흐르는 시대이기 때문에, 본사 관리 조직이 비대하면 오히려 관료화될 수 있다는 것이다. 한마디로 조직의 군살을 빼서 철저하게 소수정예시스템으로 운영한다는 말이다.

김종식의 아시아본부가 소수정예로 운영될 수 있는 건, 그가 고객들을 일선에서 만나는 매니저들에게 과감하게 권한위임을 하기 때문이다. 그는 '잘못된 결정보다 더 나쁜 것은 어떤 결정도 내리지 않는 것'이라고 생각한다. 그런 의미에서 일선 매니저들에 대한 '권한 위임'은 고객의 시간을 최대한 효율적으로 절약해주는 것이 목표인 '스피드 경영'의 핵심이다.

"우리 조직은 직책이나 직급으로 운영되는 것이 아니라 기능 위주로 움직입니다. 내가 사장이긴 하지만 홍보 관련 일에 대해서는 홍보담당이 나보다 전문가이기 때문에 반드시 그의 의사를 존중하고 따르는 것처럼, 다른 업무 분야도 마찬가지입니다."

실제로 김종식은 어떤 직무에 있어서든 75% 이상은 프로젝트를 담당하는 실무자가 책임을 지게 하고, 직원들이 요구하는 일 4가지 중 3가지는 대부분 들어주는 '75%의 룰'을 지켜오고 있다.

때로 직원들이 원하는 대로만 하다가 실수라도 하게 되면 어떻게 하느냐고 우려하는 사람들도 있지만, 처음부터 직원들에게 웬만한 일은 스스로 알아서 처리하라고 훈련시키기 때문에 큰 문제는 일어나지 않는다. 혹 직원들이 실수를 저지른다 해도 스스로 책임감 있게 일을 완수할 수 있도록 보호해주는 것은 그와 직원들 사이의 오랜 불문율이다.

일선 직원 하나가 실수로 회사에 큰 손실을 입혔을 때의 일이다. 앞뒤 정황을 전해들은 김종식은 '같은 실수를 되풀이하지는 말라'고 경고한 후, 더 이상 책임을 묻지 않았다. 그 직원이 의도적으로 한 행동이 아니었고, 또 이미 고객과 약속을 해버린 일이라 상황을 번

복할 수 없다는 이유에서였다.

그런데 얼마 후 김종식은 그 직원이 이전의 손실을 보전하고도 남을 성과를 냈다는 보고를 받았다. 자신의 엄청난 실수에도 불구하고 책임을 묻지 않고 기회를 준 것이 고마웠던 그 직원은 진심과 열성을 다해 일했고, 그 결과 자신의 실수를 만회하고도 남을 만한 성과를 낼 수 있었던 것이다.

한번은 이런 일도 있었다. 인사 담당이 심각한 얼굴로 김종식을 찾아와 회의 태도를 좀 바꿔달라고 했다. 월요일 팀장 회의 때마다 사장이 너무 심각하게 회의를 주재하는 바람에 주초부터 회사 분위기가 너무 딱딱해진다는 것이다.

일면 타당한 데가 있는 말이기는 했지만, 당사자를 앞에 놓고 하기 쉽지 않은 말이었다. 사장의 권위를 내세우는 보통의 CEO라면 드러내놓고 화를 내거나 언짢아할 수도 있는 상황이었지만 김종식은 달랐다.

일주일 후, 회의실에 들어선 팀장들을 맞이한 것은 정성스럽게 준비한 다과와 부드러운 미소를 띤 '사장님'이었다. 그는 회의 내내 분위기를 유쾌하게 바꾸는 데 앞장섰고, 회의 분위기가 '만족할 만한' 수준이 될 때까지 여러 차례 그 인사 담당에게 분위기가 좋아지고 있는가에 대한 피드백을 받았다.

실수한 직원에게 만회의 기회를 주는 것도, 탈권위, 열린 경영을 가능케 하는 것도 '75%의 룰'인 셈이다.

때문에 김종식은 직원을 채용할 때 최대한 까다롭게 뽑는다. 75% 의 룰을 가능케 할 소수 정예의 인재를 찾기 위해서다. 신입사원 선발 때 그는 평균 2, 3회에 걸친 인터뷰를 통해 그들의 열정과 미래 비전을 까다롭게 저울질한다.

중국 사장 시절에는 비서를 뽑기 위해 동일한 지원자를 4회까지 면접한 적도 있다. 비서 한 사람을 뽑으면서 그렇게까지 복잡한 수순을 거친 것은 단순한 '비서'가 아닌 '미래의 리더'를 뽑는다는 자세로 임하기 때문이다.

이때 선발된 비서는 3년 간 비서로 일한 후 다른 부서로 옮겨 커리어를 쌓았고, 김종식이 '그의 탁월한 능력을 존경한다'고 공개적으로 말할 만큼 뛰어난 직원 중 한 사람이 되었으며, 지금은 매우 크고 책임 있는 부서의 리더로 일하고 있다.

이처럼 엄격한 절차를 거쳐 일단 채용을 결정하고 나면 모든 것이 달라진다. 어떤 학교를 나왔는지, 나이는 몇 살인지, 여성인지 남성인지는 더 이상 고려 대상이 아니다. 실제로 김종식은 직원들이 어느 학교를 졸업했는지 잘 기억하지 못한다. 아니 기억하고 싶지 않다는 말이 더 정확할 것이다. 그는 직원들의 과거 학력이나 경력보다는 그들의 현재와 미래에 더 관심이 많다. 과거에 기준을 두지 않고 주관적인 편견을 버린 상태에서 그들의 능력만을 객관적으로 보겠다는 것이다.

"여러분 자리가 아닌 조직의 리더나 사장의 눈높이에서 판단하고 결정하세요."

이 말은 자기 분야 최고의 리더가 되라는 김종식의 요구다. 사장의 기대치가 이렇게 높다 보니 직원들 중에는 더러 부담을 느끼는 사람들도 있고, 그 기대치를 못 맞춰 이직을 하는 경우도 있다. 그러나 김종식은 그 부분에 대해서는 양보할 생각이 전혀 없다. 제2의 김종식, 제3의 김종식이 열 사람 백 사람 나오는 '작지만 강한 조직'을 만들고 싶은 것이다. 그리고 그것은 커민스 코리아, 나아가 대한민국의 국가 경쟁력을 키우는 일이다.

커민스 코리아는 1991년 설립 당시만 해도, 1960년대에 설립된 커민스 재팬(Cummins Japan)으로부터 지원을 받는 처지였다. 그런데 최근 상황이 역전됐다. 커민스 코리아의 한국 직원들이 일본에 가서 커민스 재팬의 업무를 돕거나 일본 업무를 직접 관장하고 있는 것이다. 매사에 열정적이고 호기심이 왕성한 한국 직원들이 소극적인 일본인들을 압도하기 시작한 것은, '작지만 강한 조직'을 추구했던 김종식의 경영 스타일이 직원들의 태도와 업무능력을 바꾸어놓음으로써 가능해진 일이었다.

커민스 코리아와 아시아본부 직원들은 김종식을 부를 때 '사장님' 대신 '박사님'이라고 한다. 회사와 직원들의 능력을 극대화시킨 그의 리더십에 대한 존경의 의미다.

무엇이든 공유하고 오픈하라

디젤엔진을 만드는 커민스는 전세계 160여 개국 550여 개 직영대리점과 5,000여 지역에 부품 및 서비스 네트워크를 보유하고 있는 글로벌 기업이다. 커민스 코리아를 비롯해 중국, 일본, 싱가포르 등 그가 책임을 맡은 곳에서 가장 먼저 한 일은 투명 유리창을 설치하고 칸막이 높이를 낮추는 일이었다.

아셈 타워에 있는 그의 집무실과 회의실도 투명 유리창과 낮은 칸막이가 설치되어 있어 실내가 훤히 들여다보인다. 개인의 프라이버시가 보호될 수 없다는 단점에도 불구하고, 그가 투명 유리창과 낮은 칸막이를 고집하는 이유는 투명성과 원활한 커뮤니케이션이야말로 회사의 건강한 발전과 성장에 가장 중요한 요소라고 생각하기 때문이다.

실제로 이런 오픈된 환경에서 일하는 직원들은, 팀워크나 타 부서와의 유기적 협조를 통한 문제해결 능력이, 그렇지 않은 환경에서 일하는 직원들보다 월등하게 높다. 투명한 근무환경은 조직의 커뮤니케이션 속도를 향상시켜, 문제점을 빨리 파악하고 대처할 수 있게 하는 동시에, 서로 배우고 벤치마킹할 수 있는 기회까지 제공하기 때문이다. 또, 회사가 돌아가는 상황을 직원들이 잘 이해할 수 있어 노사갈등의 위험도 그만큼 줄어든다. 커민스 코리아를 비롯해 커민스 중국, 일본, 싱가포르 등 지난 20년 가까이 김종식이 경영했던 회사들이 연평균 30~40% 이상의 성장을 할 수 있었던 원동력도 바로 이런 투명함에 있었다. 안과 밖이 서로 훤히 들여다보이는 투명 유리창과 키 낮은 칸막이는 이제 '무엇이든 공유하고 오픈한다' 는 김종식 표 '투명경영' 의 상징이 됐다.

"우리 회사에서는 급료만 비밀이고 대부분의 회사 관련 정보는 직원과 공유합니다. 다른 사람들 급료가 나보다 높은 경우, 알아봐야 기분만 나쁘지 않겠습니까? 그것을 제외한 나머지 정보는 기본적으로 공유하는데, 정보를 많이 공유할수록 새로운 아이디어도 많이 나오거든요. 정보공유를 통한 '창조적인 지식조직 만들기', 그것이 바로 제가 정보공유에 적극적인 이유입니다."

투명한 경영은 새로운 아이디어와 함께 신뢰도 얻는다. 커민스 코리아는 지난 2006년 전세계 160곳의 커민스 법인을 대상으로 2~3년에 한 번씩 시행하는 그룹 내부감사에서 A등급을 받았다. 감사내용은 커민스 본사의 정책을 얼마나 충실하게 수행했는지, 현지 법규나 내규는 얼마나 잘 지키는지를 중심으로 진행됐고, A등급을 받기 위해서는 다른 커민스 법인의 모범이 될 만큼 경영프로세스와 시스템이 신뢰할 만한 수준이어야 했다.

그 해 이런 까다로운 규정을 통과해 A등급을 받은 커민스의 현지 법인은 전세계에 걸쳐 두세 곳에 불과했다. 투명경영을 생활화한 김종식의 노력이 낳은 결과였다.

"저 같은 경우엔 지난 17년 동안 현지 사장을 하면서 제 윗분들과 같은 공간에 있어본 적이 없습니다. 저의 상사들은 시차만 열네 시간이나 나는 미국에 있기 때문입니다. 사실 누구라도 그런 먼 거리에서 누군가에게 회사 살림살이를 믿고 맡기기란 쉽지 않은 일입니다. 그런데 제가 모든 정보를 투명하게 오픈해서 공유하자, 신뢰가 생겨났습니다. 본사가 저와 제 직원들을 믿고 일을 맡겨주었습니다. 그래서 전 가끔 아침에 거울을 볼 때마다 저 스스로에게 이렇게 물어봅니다.

'오늘의 나는 그들의 신뢰를 받을 만한가?'

그리고 그 물음 앞에 스스로 당당해질 수 있도록 더 열심히 노력합니다."

머리는 차갑게, 가슴은 뜨겁게 하라

커민스 아시아본부를 맡기 전인 2000년부터 2003년까지 3년 동안, 김종식은 중국, 홍콩, 대만, 몽고, 한국의 경영 책임을 지는 커민스 중국 대표 이사 겸 동아시아 본부장으로 북경에 있었다.

당시 본사는 북경에 있는 김종식에게 2가지 중요한 임무를 맡겼다. 하나는 중국에서 가장 규모가 큰 엔진공장을 현지업체와 합작으로 만드는 것이고, 다른 하나는 80년대부터 중국과 합작으로 운영하고 있던 그 당시 기존의 합작회사를 정리하는 일이었다.

첫 번째 미션은 3년 동안의 복잡한 협상과정을 거쳐, 2003년 북경 인민대회당에서 커민스 역사상 가장 규모가 큰 합작 엔진공장 설립 조인식을 체결함으로써 완수됐다. 두 번째 미션인 '회생 불능 상태에 빠진 합작회사를 처리하는 일'은 예상했던 대로 쉽지가 않았다. 본사 회장에서부터 전임사장에 이르기까지, 어떻게 하면 손실을 적게 내고 지분을 잘 정리할 수 있을까 절치부심했던 임무였기 때문이다. 문제는 이 합작회사의 지분을 50% 보유한 커민스의 합작선인 중국 국영업체가 방만한 운영으로 법원에 의해 채무이행 불능 처분을 받은 상태라는 것이다. 다시 말해, 합작회사의 모 회사가 이미 부도가 난 상태였던 것이다. 이런 상황에서는 합작회사에 대한 신규투자도, 전략적 결정도, 지분정리도 불가능했다.

그런데 김종식이 이 회사를 맡은 지 2년 반 만에 기적이 일어났다. 다 망해가던 합작회사가 연간 투자대비 15%의 수익을 내는 기업으로 탈바꿈한 것이다.

그가 사용한 방법은 간단했다. 로마에 가면 로마의 법을 따라야 하듯, 중국에 가서 중국의 법을 따른 것이다. 그것이 5년 가까이 커민스가 해법을 찾지 못했던 '3,000 대 3'의 싸움을 종료시킨 것이다.

그렇다면 '3,000대 3'의 싸움이란 무엇인가?

당시 중경에 있던 이 회사의 직원은 약 3천여 명. 그런데 중국의 노조는 법적으로나 정치적으로 공산당 소속이다. 노조위원장인 미스터 짜오 역시 공산당 서기였다. 그 미스터 짜오가 직원 3천여 명 중 커민스 본사에서 파견한 미국인 매니저와 인도인 공장장 등 3명을 제외한 나머지 직원들을 조정해 실질적으로 합작회사를 움직이고 있었다.

3천여 명의 중국인들에게 둘러싸인 3명의 외국인. 그런 상황에서 미스터 짜오의 도움 없이 합작공장을 회생시킨다는 것은 사실상 불가능한 일이었다. 그러나 김종식의 전임자들이나 본사임원들은 그 점을 간과했다. 그들도 중국어 습득에서부터 명함 교환하는 법, 술좌석 매너, 식사예절까지 나름대로 열심히 공부하고 연구했지만, 아시아인, 다시 말해 중국인의 정서를 100% 다 이해하기엔 한계가 있었던 것이다.

김종식은 문제의 핵심을 재빨리 파악했고, 찾아낸 해법을 곧바로 실행에 옮겼다. 미스터 짜오가 회의를 위해 북경에 있는 커민스 사무실에 왔을 때였다. 미스터 짜오가 9층에 있는 사장 집무실에서 회의를 마치고 돌아가는데, 사장인 김종식이 직접 그를 배웅해주겠다며 엘리베이터에 함께 탔다. 그리고 1층까지 내려가 정중하게 자신의 차와 기사를 미스터 짜오에게 내주었다.

이 상황이 미스터 짜오에게는 큰 충격이었다. 당시 미스터 짜오와 회의를 했던 커민스의 중역들은, 회의가 끝난 후 사무실에서 악수하며 잘 가라고 인사하고 등을 돌리는 게 다였다. 그들은 합작회사의 실적에만 관심을 두었지 3천 명 종업원들의 관심사항에 대해선 공감대도 없었고, 중국인 종업원들의 실질적인 대변자였던 미스터 짜오의 '체면' 도 세워주지 않았다. 체면을 세워주기는커녕 커민스 중국의 경영에 비협조적이라는 이유로 커민스 '공공의 적' 이라는 낙인까지 찍어두고 있었다.

오는 말이 고와야 가는 말이 곱다고, 미스터 짜오 역시 자신을 '블랙리스트' 에 올려둔 미국 회사 커민스를 믿지 않았다. 그러다보니, 자연히 커민스의 경영방침에 반대해 태업을 하거나 파업을 하는 게 그의 일이었다.

그런데 그런 대접을 예상하고 왔던 미스터 짜오에게 보여준 김종식의 진심어린 태도는 짜오의 얼어붙은 마음을 녹이기에 충분했다. 공산당서기이자 노조위원장인 미스터 짜오는 한국인 사장 김종식이 보여준 호의에 깊은 감명을 받았다.

"사람을 귀하게 여기는 사람은 믿어도 되는 사람입니다."

미스터 짜오와 김종식 사이에 인간적인 신뢰가 새롭게 구축되면서 미스터 짜오는 합작회사 회생 전략에 스스로 앞장서고, 법적 회생정리 절차에 처해 있던 합작회사는 2년 반 만에 연평균 15%의 투자 대비 수익을 내는 강도 높은 구조조정 작업을 노조의 적극적 협조로 이룰 수 있었다.

미스터 짜오의 협조로 '3,000 대 3' 의 싸움이 끝난 셈이다.

문제의 핵심을 파악한 김종식의 경영 안목이, 사람을 배려하는 그

의 따뜻한 마음이, 회사와 직원들의 일자리 그리고 투자가들의 이익
까지 모두 살린 것이다.

그런 그가 이럴 때 쓰는 말이 하나 있다.

"머리는 차갑게, 가슴은 뜨겁게 하라!"

03

경영을 예술로 만든 창조적 전략가

— 삼성테스코 홈플러스 이승한 사장

| 주요이력 |

1946년 경북 칠곡 출생

1965년 대구 계성고 졸업

1970년 영남대 경영학과 졸업

1970년 삼성그룹 공채 11기 제일모직 입사

1978년 삼성물산(건설) 런던지점장

1994년 삼성그룹 회장비서실 신경영팀장, 보좌역 부사장

1997년 삼성물산 대표이사(유통부문)

1998년 한양대 도시계획학 석사

1999년~ 홈플러스 대표이사 사장

2002년 ECR Asia Council 공동의장(~04. 10)

2003년 한국체인스토어협회 회장

2003년 대한상공회의소 유통물류위원회 위원장

2004년 한양대 도시공학 박사

2004년 하버드대학 운영상임이사(Board Member)

2004년 세계표준화기구(GS1) 부회장

2005년 SC제일은행 사외이사

2006년 영남대 명예 경영학 박사

2006년 와튼 CEO 과정 총동문회장

2007년 창의서울포럼 회장

2008년 서울대 지속가능경영포럼 공동주임교수

2008년 연세대 경영대학 겸임교수

당당하게 요구하고, 철저하게 지켜라

1997년 12월, 이승한은 삼성 이건희 회장으로부터 호출을 받았다. "삼성물산 유통부문을 책임지라"는 것이다. 삼성그룹 입사 27년 만에 대표이사가 됐지만, 기뻐할 사이도 없이 IMF가 터졌다. 사업을 벌이기도 전에 외환위기가 터지자, 비용이 많이 드는 유통분야 사업은 아예 투자 엄두를 낼 수도 없는 분위기였다.

"유동성 위기로 핵심사업을 제외한 모든 분야가 구조조정 대상이 됐죠. 당시 꼬리를 끊어서라도 일단 생존을 확보한 뒤, 다시 잘린 꼬리를 재생하는 '도마뱀 경영'과 다이아몬드를 바다에 내던지더라도 배를 가라앉혀서는 안 된다는 '선상투하 경영'이 외환위기를 헤쳐나가는 거대그룹 삼성의 경영전략이 됐습니다. 그 일환으로 외자유치가 결정됐고, 해외파트너 선정작업을 추진하게 됐지요."

해외 파트너 선정작업에 들어갔지만, 선뜻 투자를 하겠다고 나서는 곳이 없었다. 세계 유수의 다국적 할인점들 역시 IMF의 충격을 최소화할 수 있는 '안전핀'을 찾고 있었던 것이다.

이승한은 미국의 월마트를 비롯해, 독일의 메트로, 프랑스의 까르푸, 프로모데, 일본의 이토요카토, 영국의 세인스베리, 테스코 등 세계 유수의 다국적 할인점들과 협상에 들어갔다.

그 결과, 가장 적극적으로 투자 의사를 보인 곳이 영국의 테스코(TESCO)였다. 테스코는 이승한이 제시한 조건에 보다 유연한 반응을 보였고 경영전략과 기업문화 면에서도 삼성과 유사점이 많았다. 반면 다른 다국적 기업들은 '시장과 고객전략이 철저히 로컬화되어야 한다'는 이승한의 조건을 받아들일 수 없다는 입장이었다.

"테스코는 매우 호의적이었어요. 경영권을 공평하게 나눠 갖자는 데 합의했고, 지분도 50 대 50으로 하자는 등 서로 신뢰할 수 있는 분위기가 형성됐지요. 무엇보다 테스코가 마음에 들었던 이유는, 영국이 자랑하는 오랜 역사와 문화, 공생공영을 지향하는 테스코의 기업철학이었습니다."

삼성의 선택은 두말할 필요 없이 '테스코'였다. 세계 유통업체 매출 10위권의 다국적기업인 테스코는 설립자 잭 코헨의 이름에서 'CO'를, 납품업자 스톡웰(T. E. Stockwell)의 이름에서 'TES'를 따와 명명한 것으로, 그 이름 속에 이미 공급자와의 윈윈 파트너십을 지향하겠다는 의지를 담고 있다. '공존공영'은 삼성그룹의 기업철학이기도 했다.

그런데 합작 협상이 끝날 무렵 문제가 생겼다. 테스코측에서 이승한을 합작회사의 사장으로 요구한 것이다. 협상이 마무리되는 대로 삼성그룹으로 돌아가는 것으로 예정되어 있던 터라, 이승한과 삼성측은 당황하지 않을 수 없었다. 이승한은 이건희 회장으로부터 남다른 신임을 받고 있던 '삼성맨'이었다. 당시 삼성물산 현명관 부사장이 테스코측에 서한을 보내 'SH Lee'는 삼성그룹에 계속 남아 있어야 할 사람이라고 강조하기까지 했다.

하지만 테스코측은 양보할 생각이 없어 보였다. "SH Lee가 CEO를 맡지 않는다면 협상 자체를 깰 수도 있다"는 이야기까지 나왔다. 연간 7~8천억 원 이상의 돈을 투자하는 상황에서 믿을 수 있는 CEO를 기용할 수 없다면 사업을 같이 할 수 없다는 입장이었다. 테스코가 이승한의 CEO 기용을 고집하는 바람에 이건희 회장과 그의 관계가 어색해질 정도였다. 결국 이승한과 삼성이 테스코의 요구를 수용하기로 하면서 협상은 한 고비를 넘긴다.

그러나 산 넘어 산이라고 했던가? 테스코에서 합작사인 삼성물산 참여지분의 평가가치를 장부가격보다 낮게 평가하려 한 것이다. IMF 외환위기로 인해 우리나라 부동산 가격이 많이 하락한 상태였고 골드만삭스 등 해외 대형 투자회사들이 한국의 기업 자산을 헐값으로 평가하고 있다는 점이 근거로 제시됐다.

이승한은 평가절하된 자산가치에 동의할 수 없었다. 그는 테스코와 끈질기게 협상했다. 코 앞에 있는 '오늘' 대신 '내일'을 믿어보라고, '한강의 기적'을 만든 근면하고 성실한 한국인을 믿어보라고 했다. 그 믿음만큼 되돌려 받을 것이라고 했다. 결국 그의 열정적이고 진실한 태도가 테스코측의 마음을 움직였다. 긴 협상 끝에 이승한은 장부 가격보다 200억 원이나 더 많이 받아내고 로열티까지 챙기는 수완을 발휘했다.

상황이 이렇다보니, 테스코 입장에서는 이승한이 매우 부담스러운 존재일 수 있었다. 그런데 흥미로운 사실은 그런 이승한에게 테스코측이 오히려 더 후한 점수를 주었다는 것이다. 모든 협상이 끝난 후, 테스코는 약속대로 홈플러스의 경영권을 이승한에게 넘겨주었고 더 이상 간섭하지 않았다.

홈플러스는 현재, 전세계 15개 테스코 그룹사 가운데 유일하게 현지인 CEO가 경영하는 회사로, 이승한은 인사, 예산집행 등 주요 의사 결정권을 독자적으로 행사할 수 있다. 테스코 역사상 전례가 없는 일이다. 그만큼 이승한에 대한 테스코측의 신뢰가 깊고 두터운 것이다.

하지만 이런 절대적인 신뢰가 거저 얻어진 것은 아니었다. 이승한은 원하는 것은 당당하게 요구했고 약속은 철저하게 지켰다.

삼성과 테스코가 협상을 벌이던 자리에서 있었던 일이다. 이승한은 테스코가 세계 굴지의 할인점인 것은 사실이지만, 브랜드 이름이 한국인에게 익숙하지 않으니 우리나라에서 개발한 '홈플러스' 라는 브랜드를 사용하자고 제안한다. 대투자자인 모기업의 브랜드 이름을 사용하지 않겠다는 것은, 듣기에 따라 오해의 소지가 다분해서, 입 밖으로 내뱉기까지 상당한 용기가 필요한 말이었다. 이승한은 '이기기 위한 싸움을 하려면 우리 회사에 유리한 마케팅 환경을 만들어야 한다' 고 테스코측을 설득했고, 결국 OK사인을 받아냈다.

홈플러스의 경영권 독립도 이승한의 아이디어다. 그는 투자자들에게 홈플러스를 브랜치로 대하면 브랜치 수준으로밖에 성장하지 못하지만, 경영권 독립을 보장한다면 한국의 100대 기업 나아가 10대 기업으로까지 성장시킬 수 있다고 했다.

그냥 한 말이 아니었다. 강력한 동기 부여를 요구한 것이다. 투자를 받아가는 처지에 있는 회사에서 경영권을 독립시켜달라니, 테스코 내부에서 의견이 분분하지 않을 수 없었다. 그러나 테스코 최고 경영진은 이승한의 제안을 자신감과 책임감으로 해석했고, 경영권의 독립을 약속했다.

그리고 4년 후, 이승한은 업계 12위에서 출발한 홈플러스를 업계 2위로 성장시켰다. 자신과의 약속을 지킨 것이다.

이순신 장군처럼 이길 싸움만 하라

착안대국 착수소국(着眼大局 着手小局). 계획할 때는 장기적인 안목으로 하되 실행할 때는 세밀한 부분까지 놓치지 않는다는 뜻이다.

　2007년 한 해 동안만 6조 3천억 원대의 매출을 기록한, 대한민국 대표 할인점 홈플러스가 독자 브랜드로 문을 연 건 1999년이었다. 당시 한국의 유통산업 시장은 11개 회사가 치열하게 경쟁하던 레드 오션(Red Ocean), 기존의 '점포' 개념으로 뛰어들어서는 도저히 이길 수 없는 게임이었다. 잘해야 '원 오브 뎀(One of them)' 밖에 되지 않는 상황이었지만 이승한은 그 싸움에서 반드시 이기고 싶었다.

　이때 이승한이 벤치마킹한 것이 '이순신 장군', 그의 23전 23승의 비결이다. 이순신 장군이 23전 23승의 위대한 리더일 수 있었던 것은, 질 싸움은 하지 않고 이길 전투만 했기 때문이다. 다시 말해 전투에 나가기 전에 미리 이길 수 있는 환경과 상황을 만들어놓았기 때문이다. 훌륭한 CEO도 그와 같다. 훌륭한 CEO는 총탄 없는 전장으로 불리는 글로벌 시장에서 '생존의 조건'을 늘려나간다.

　이승한은 당시 시장을 선점하고 있던 11개 경쟁사들은 물론 해외의 수많은 할인점을 연구했다. 그 결과, 소비자들은 단지 10만여 점의 물품을 값싸게 살 수 있는 '원스톱 쇼핑(One-stop Shopping)' 뿐만 아니라 '원스톱(One-stop) 생활서비스'가 가능한 유통 할인점을 원한다는 결론에 도달했다. 이승한은 할인점 1층에 문화센터, 푸드코트, 어린이 놀이터, 주민등록등본을 신청할 수 있는 민원센터까지, '쇼핑하러 와서 아이를 놀이터에 맡기고 주민등록등본까지 뗄 수 있는' 원스톱 생활서비스를 도입한다.

　그러나 이 새로운 개념의 '가치 할인점'에 대한 우려와 반발도 만만치 않았다. 많은 유통전문가들이 '유통도 제대로 모르는 사람이 1 층에다 돈도 안 되는 민원센터, 문화센터를 넣어두었으니 곧 망하지 않겠는가.' 하며 비아냥거렸다.

하지만 결과는 정반대였다. 홈플러스 한 개 점포에 가장 강력한 경쟁사의 점포 두 개를 합한 것보다 많은 수의 고객이 몰린 것이다.

원스톱 쇼핑서비스에 새로운 형태의 원스톱 생활서비스 개념을 묶어냄으로써 이길 수 있는 게임을 만들어낸 이승한. 그의 '이기는 기술'은 철저하게 소비자 중심이다. 생산자는 항상 파는 입장에서 생각하기 때문에 '내가 팔 물건'을 소비자가 한 군데서 살 수 있도록 몰아서 제공해주는 '원스톱 쇼핑'을 생각하지만, 소비자는 물건을 사러 가서 아이를 편하게 맡기고 머리도 손질하고, 민원서류도 떼는 '원스톱 생활서비스'를 생각하는 것이다. 기존의 할인점들이 최소의 투자로 소비자들에게 싼값에 물건을 샀다는 만족감을 주는 것을 목표로 했다면, 이승한은 '가치점'을 목표로 발상을 전환했다.

그는 '가치점'이란 용어는 단순히 홍보를 위해 만들어낸 말이 아니라 '유통은 과학'이라는 신념에서 창안했다는 점을 강조한다. 좋은 품질을 싸게 제공한다는 일차원적 상술에서 탈피, 소비자가 구매하는 과정에서 편리하고 좋은 서비스를 받고, 쾌적한 쇼핑환경을 즐길 수 있도록 했다는 것이다.

또, 이승한은 최근 '3세대 할인점'이라는 새로운 개념으로 한국 유통사를 다시 쓰고 있다. 기존의 할인점 개념에 웰빙과 감성, 문화를 담은 '3세대 할인점' 제1호는 잠실점. 할인점 안에 베이커리 카페와 커피 전문점을 열면서 테라스를 만들고 파라솔을 설치했으며, 할인점 한 층을 아예 갤러리로 만들고, 100석 규모의 와인 바까지 설치했다. 할인점에서 저렴한 가격에 와인을 사가지고 올라와 소액의 좌석비만 내고 앉아 근사하게 와인을 마실 수 있게 한 것이다.

여기에 헬스클럽, 사우나, 골프연습장 등 생활스포츠센터 기능, 고객이 줄을 설 필요 없는 '대기인원 자동감지시스템', 고객이 직접 계산하는 '셀프 체크아웃 시스템', '전화주문 피킹(picking) 서비스' 등 국내 최초의 첨단서비스가 추가됐다.

'이길 싸움', 즉 창의적인 경영을 강조해온 이승한은 직원들 사이에서 왕성한 에너지를 자랑하는 '아이디어맨'으로 통한다. 기발한 아이디어를 통해 다양한 신조어를 만들어내는 것으로 유명한 그는, 지난 2005년 하버드 비즈니스 스쿨에서 '예술경영론'을 강의해 화제를 모으기도 했다. 예술가들이 완전무결한 최고의 '작품'을 위해 혼을 불사르듯, 기업의 경영도 예술의 경지까지 승화시켜야 한다는 것이 그의 '예술경영론'이다.

"생선 매장에서 생선을 진열할 때, 사람마다 매장마다 그 방법이 다릅니다. 어떤 직원은 고객이 가는 방향과 똑같은 방향으로 생선을 진열하는가 하면, 고객이 걸어가는 반대방향 또는 대각선으로 진열하는 직원도 있지요. 만약 이 직원들이 고객을 감동시키려는 열정을 가지고 아침마다 생선을 진열한다면, 그 생선 코너 자체가 캔버스

위에 그림을 그리는 것과 같은 예술작품이 되지 않겠습니까?”

이승한은 경영을 ‘병풍’ 에 비교하기도 한다. ‘병풍경영론’ 이다.

1999년 회사 창립 당시부터 14폭짜리 병풍을 그리기 시작한 이승한은 1년에 한 폭씩 회사의 비전을 상징하는 그림을 그리고 있다. 그렇게 한 폭씩 그려 몇 년 치를 이어 붙여놓고 보면, 그림은 1년짜리 한 폭으로 끝나지 않고, 여러 폭이 서로 이어지고 관계를 맺으면서 하나의 큰 주제로 모아진다. 그것이 바로 이승한이 생각하는 기업의 미래 비전이다. 병풍 한 폭 한 폭이 독립된 그림이면서 8폭, 16폭이 모여 하나의 작품이 되는 것처럼, 경영도 한 해 한 해의 성과가 모여 공동의 미래가 되는 것이다.

2012년까지의 신년사 키워드를 미리 준비해놓았다는 이승한은 매년 자신이 그린 병풍 그림을 직원들에게 공개함으로써 소통의 창구로 활용한다. 이승한이 말하는 이기는 싸움의 기술, 그 1막 1장은 ‘지피지기백전불패(知彼知己百戰不敗), 나를 알고 남을 알면 백 번을 싸워도 패하지 않는다’ 는 것이다.

직원들의 역동과 창의를 100% 끌어내다

새로운 개념의 ‘가치점’ 을 표방한 홈플러스는, 창립 4년 만에 업계 12위에서 2위로 등극하며 국내 유통업계 판도를 바꿨고, 2006년까지 연평균 매출 성장률 53%, 연평균 이익률 203%로 국내 할인점 중 가장 높은 평당 매출 효율을 자랑하고 있다.

이러한 성공의 원동력은 바로 우리나라 유통업계에서는 보기 드문 이승한의 '글로컬리제이션(현지화 전략)' 이었다.

'글로컬리제이션' 은 '글로벌(global)' 과 '로컬(local)' 의 합성어. 전 세계를 대상으로 하는 다국적기업이므로 글로벌을 추구하지만, 유통점이라는 특성상 그 나라, 그 지역의 특성도 최대한 반영해야 한다는 이승한의 전략을 표현한 말이다.

이승한은 홈플러스의 경영에, 한국에서 고전하고 있던 미국 최대의 할인점 월마트를 반면교사로 삼았다. 월마트는 창고형 할인점의 효시로 생필품보다는 공산품을 주로 취급하며, 쾌적한 쇼핑을 즐길 수 있는 넓은 공간을 제공했다. 하지만 월마트의 전략은 한국에서 통하지 않았다. 한국인들은 탁 트이고 쾌적한 공간보다는 북적대는 공간을, 공산품보다는 생필품을 더 좋아하기 때문이다.

홈플러스는 월마트의 교훈을 거울삼아 생필품 위주로 제품을 진열하고, 매대 간격은 보다 오밀조밀하게, 높이도 보통의 성인이면 누구나 손이 닿을 수 있도록 '글로컬리제이션' 을 적용했다.

직원채용, 협력업체 선정에서도 해당 지역에서 우선 채용하게 함으로써 지역경제에 보탬이 되게 했고, 신선식품의 직거래, 지역주민들을 위한 문화생활 프로그램 개발 등 기존의 할인 마트에서는 볼 수 없었던 고객 맞춤식 서비스로, 우리나라 할인유통산업에 새로운 변화를 몰고 왔다.

　이승한식 '글로컬리제이션'은 이제 영국으로까지 수출되고 있다. 지난 2005년부터 영국의 테스코 본사는 직원들을 한국의 홈플러스에 파견해 상품구성과 진열방식 등 운영정보를 배워갔으며, 영국 현지에 가정, 전자 등 비식품 전문매장 7개를 오픈하면서 이승한이 지은 '홈플러스'란 이름을 전격 도입해 '테스코 홈플러스'라는 브랜드로 사용하고 있다.

　그뿐이 아니다. 테스코는 매장의 동선과 무빙 워크를 활용한 복층 구조, 건물 디자인까지 계열사인 한국의 홈플러스를 벤치마킹해 활용하고 있다. 무빙워크를 활용한 복층 구조는 한국에서는 흔하지만 영국에서는 거의 찾아볼 수 없는 구조. 판매대 간격 역시 한국처럼 오밀조밀하고 높이도 어른이면 어디서나 손이 닿을 수 있게 했다.

　홈플러스의 IT기술 역시 테스코 글로벌의 표준으로 자리잡았다. 전세계 테스코 매장에서 사용하는 상품 관리 시스템 등 IT 시스템도 한국에서 개발한 것이다.

　홈플러스는 2002년부터 국내 IT 전문가 70명을 영국으로 보내 테스코의 IT인프라 업그레이드 프로젝트를 수행했으며, 지금은 터키, 중국, 미국 등 테스코 진출국가들로 나가 유통시스템을 구축하고 있다. 78년 전통의 다국적 유통업체 테스코가 10년도 채 안 된 한국의 계열사로부터 경영노하우까지 역수입해가고 있는 것이다.

이승한은 유통업을 국가경쟁력을 갖춘 산업으로 발전시키겠다는 포부로 독특한 기업문화를 만들어나가고 있다. 그 대표적 사례가 신바레이션 문화(Shinbaration Culture). 한국의 신바람 문화와 서구의 합리 문화를 조화시켜 직원들의 창의성을 이끌어내는 것이 목표다.

"한국의 경쟁력은 신바람이고, 서양은 합리적이고 과학적인 문화가 강합니다. 이 둘을 어떻게 결합해서 세계에서 가장 강한 문화를 만들 수 있을까 고민하다가 '신바레이션 문화'라는 개념을 생각해냈습니다. '신바람'과 영어로 '합리성'을 뜻하는 '래셔낼러티(Rationality)'라는 말을 합친 거죠. 신바람만 갖고 회사를 운영하면 망합니다. 효율과 과학만 강조하면 직원들 숨통이 막힙니다. 그러나 이 둘을 조화롭게 결합시키면 회사가 신바람나게 돌아갑니다."

그래서 홈플러스는 친절직원에게 포인트를 부여해 포상하는 스태프 마일리지제도, 동아리 활성화, 신바람 뮤직페스티벌, 종업원 성과 인증제도, 어학클래스, 해외연수 등을 통해 '신바레이션'의 에너지를 확산시키고 있다.

형식이 실질을 이끄는 상황!

결국 나중에는 내용이 형식을 이끌겠지만, 시작할 때 형식을 자유롭게 만들어주면 사람의 마음도 자유로워져 일찍이 경험해보지 못한 역동적이고 창의적인 아이디어들이 나올 수 있다는 것이 이승한의 생각이다.

나는 지금의 '나'와 '나의 일'을 즐길 뿐이다

이승한은 얼마 전 경기도 분당에서 서울 도곡동 타워팰리스로 자택을 옮겼다. 조금이라도 이동시간을 줄여 업무에 몰두하기 위해서다. 그러나 주말마다 임원들에게 자택이 개방되는 건 변함없다.

그는 지난해까지만 해도 일주일에 서너 번씩 새벽 2~3시 퇴근을 밥 먹듯 했다. 한때 하루 평균 네 시간 수면이 기본이었다. 이를 증명이라도 하듯, 집무실 한쪽을 가린 칸막이 뒤에는 간이침대가 있다.

이처럼 회사 안팎에서 그의 일에 대한 욕심은 일찌감치 정평이 나 있는 편이다. '워크홀릭'이라는 얘기도 심심찮게 듣는다. 그러나 이승한은 이런 말에 전혀 개의치 않는다.

"나는 하루하루를 마치 이 세상의 마지막 날인 듯 살아갑니다. 그러나 때로 나를 숨막히게 하는 '어떤' 일도 그저 비즈니스일 뿐이라는 걸 잊지 않습니다. 나는 나의 '오늘'을 잡고 싶습니다. 지금의 당신을, 당신의 일을 즐기십시오, 그러면 모든 게 달라집니다!"

점포 설계도면을 펼쳐놓고 이리저리 배치를 바꾸다보면 쌓인 스트레스도 저절로 사라진다는 이승한, 그는 글로벌 CEO인 동시에 건축가다.

1990년대 초반 삼성그룹 사회간접자본 추진 팀장을 맡으면서부터 도시계획에 관심을 갖기 시작했다는 그의 건축 설계 실력은 이미 프로급. 홈플러스 설립 당시에도 홈플러스를 도시의 랜드 마크로 만들기 위해 공공 미술분야 분야에 많은 공을 들이기도 했다.

2004년에는 국내 최초로 도시공간 속 할인점의 의미를 규명한 논문으로 한양대에서 도시공학 박사학위를 받았고, 2008년 1월에는 '코리아 CEO 서미트(Korea CEO Summit)'에서 주관하는 '2008 Korea CEO Summit 창조경영대상'에서 창조경영대상 초대 수상자로 선정됐다.

구르는 돌은 이끼가 끼지 않는다고 했던가? 지칠 줄 모르는 열정으로 변화를 추구해온 글로벌 CEO 이승한. 그의 창조적 도발은 언제나 현재진행형이다.

"달걀은 남이 껍질을 깨주면 계란 프라이가 되지만, 스스로 깨고 나오면 병아리가 됩니다!"

04

자신감 가득한
무한 열정의 승부사

− 듀폰 아시아 태평양 지역 김동수 사장

"어느 날 본사 회장이 공장장인 저를 상무이사로

승진시켜주면서 세일즈를 해보라고 했습니다.

엔지니어로 잘살 수 있는데, 굳이 세일즈 세계로 뛰어들어야 하는가?

그때 그가 말했습니다. 'break the box!'"

| 주요이력 |

1947년 서울 출생

1965년 서울고등학교 졸업

1969년 캘리포니아대 화학공학과 학사

1970년 아이다호대 화학공학 석사

1974년 다우 케미칼 생산, R&D, Project Management

1983년 한화 경영관리실 관리담당 임원

1987년 듀폰 TiO2 프로젝트 매니저

1990년 듀폰 존슨빌 공장(미국 테네시주) 부공장장

1992년 듀폰 울산공장 공장장

1993년 듀폰 아 · 태 지역 자동차사업 총책임자(Business Director)

1996년 듀폰 전세계 불소 생산담당 총책임자

1997년 듀폰 전세계 부직포 사업부 총책임자 겸 본사 부사장

1998년~ 현재 듀폰 본사 부사장 겸 아시아 태평양 사장(및 듀폰 코리아 회장)

낡은 틀은 깨고, 성장의 원칙은 세워라

1993년, 듀폰 코리아 울산공장에서 두 남자가 마주하고 있었다. 한 사람은 후일 듀폰 아시아 태평양 지역 총괄 사장이 될 엔지니어 출신 공장장 김동수였고, 다른 한 사람은 당시 듀폰 아시아 태평양 사장이었다.

"제가…… 과연 잘해낼 수 있을까요?"

"Break the Box(틀을 깨봐요)!"

Break the Box!

이 한마디 말이 김동수에게 마법 같은 위력을 발휘했다. 그 스스로 만들어놓은 벽을 뛰어넘어 글로벌 비즈니스의 세계로 달려갔기 때문이다.

사실, 아시아 태평양 지역 사장이 처음 사장 자리를 제안했을 때만 해도 그는 심각한 고민에 빠져 있었다. 대학에서 화학을 전공한 그는 다우 케미칼을 거쳐 1987년 듀폰에 입사했고, 엔지니어라는 전공을 살린 덕에 어렵지 않게 공장장도 됐다. 그렇게 15년 동안 공장을 설계하고 운영하는 엔지니어를 천직으로 알고 살던 그에게 보스가 세일즈를, 그것도 그가 설계한 공장에서 만드는 자동차 부품을 팔아보라고 한 것이다.

연필 하나도 팔아본 적이 없는 김동수에게 '세일즈'는 전혀 낯선 영역이었다. 남은 인생 편히 살 수도 있는데, 난데없이 세일즈를 하라니 더 자신이 없었던 것이다. 게다가 상대는 일본이었다. 그동안 미국은 엔지니어 일을 하면서 여러 번 상대해봤지만 일본은 처음이었다.

그런데 신기한 것은 그의 속마음을 꿰뚫어보기라도 하듯 보스가 '틀을 깨고 나가라'고 말하는 순간, 정체를 알 수 없는 뜨거운 에너지가 그의 내면 깊숙한 곳에서 솟구쳐 올라왔다는 것이다. 김동수 자신도 모르고 살아온 열정이었다.

보통 미국계 기업의 경우, 직원들이 대개 20대 초반에 입사를 하기 때문에 30대 초반이면 이 사람은 키울 사람이다 아니다가 결정난다. 듀폰에도 'corporate promotable'이라는 프로그램이 있다. 키울 만한 인재로 분류되면 30대 초반에 벌써 이사급 대우를 해주면서 다양한 경험을 쌓을 수 있도록 트레이닝시키는 일종의 인재육성 프로그램이다.

우리나라 기업에서 트레이닝이라고 하면 별도의 특별 프로그램에 참여시켜서 교육시키는 것을 말하지만, 듀폰의 경우에는 80% 이상의 트레이닝 프로그램이 실무를 수행하는 과정에서 자연스럽게 이루어진다. 전공과 관련 없는 부서에서 일을 시키거나 해외 경험을 쌓게 하는 등 다양한 경험을 하게 함으로써 유능한 리더가 될 수 있도록 길을 터주는 것이다.

당시 아시아 태평양 사장이 김동수에게 세일즈를 권한 것 역시 그런 통과의례 중 하나였다.

'동양인 최초로 듀폰 공장장이라는 타이틀을 거머쥔 엔지니어라는 것만으로도 충분히 만족스러운데, 굳이 낯선 세일즈 일을 해야 할까?'

김동수는 고민을 거듭했다.

그리고 일주일 후, 김동수는 듀폰 아시아 태평양 지역 자동차 사업부 총책임자로 새로운 출발을 하게 된다. 엔지니어라는 벽을 깨고 세일즈의 길을 선택한 김동수. 그런 그에게 운까지 따라주었다. 그가 자동차 사업 총책임을 맡을 무렵 엔화 가치가 하락하면서 사업성과까지 좋아진 것이다.

엔지니어에서 세일즈맨으로 성공적인 데뷔식을 치른 김동수의 도전은 본사 경영진에게 강렬한 인상을 남겼고, 이제 김동수 앞에 놓인 길은 탄탄대로였다.

세일즈 파트로 옮긴 지 얼마 되지 않아 아시아 태평양 자동차 사업 총책임자, 전세계 15개 불소 제조 공장을 책임지는 오퍼레이션

디렉터를 거쳐, 전세계 부직포 사업부 총책임자 겸 본사 부사장 그리고 아시아 태평양 사장이 됐다. 모두가 '아시아인 최초'라는 수식어가 붙는 직함들이었다.

콤플렉스, 피할 수 없으면 즐겨라

10남매 중 막내로 태어난 김동수가 군에 입대한 것은 1971년. 신병 훈련 6주 동안 난생 처음 영하 10도를 밑도는 날씨에 찬물로 목욕을 하고, '짬밥'이라는 것도 먹게 됐다. 지금이야 많이 좋아졌지만 당시 군에서 주는 '짬밥'은 정말 형편없었다. 훈련 첫날, 동료들은 맛이 없다며 '짬밥'에 거의 입을 대지 않았다. 유일하게 밥 한 알 남기지 않고 먹는 훈련병은 김동수 하나였다. 며칠 후 한 동기가 호기심 가득한 얼굴로 물었다.

"김형은 미국에서 석사까지 받았다면서요? 아무나 갈 수 없는 미국에서 맛난 음식에 편하게 지내다 왔을 텐데, 어쩌면 이렇게 적응을 잘하시오?"

김동수가 씨익 웃었다.

"여러 명이 함께 있잖아요. 무서울 것도, 못할 일도 없죠."

미국 유학시절 김동수에게 두려운 것은 얼음보다 찬 목욕물도, 짬밥도 아닌 '혼자'라는 외로움이었다. 서울에서 고등학교를 졸업하고 미국 유학을 결심했을 때에는 더 넓은 세상에서 성공해보겠다는 포부가 있었다. 그런데 막상 도착해보니 생각했던 것과는 사정이 많이 달랐다.

미국 유학시절 내내 김동수를 괴롭힌 건 콤플렉스였다. 그의 심각한 콤플렉스 중 하나가 '짧은' 영어실력, 물설고 사람 설은 땅에서 말까지 설었던 것이다.

유학 생활 초기, 어떤 사람에게 길을 물었더니 친절하게 알려줬다. 그래서 책에서 배운 대로 'Thank you!' 라고 말했더니 상대방 역시 책에 나온 대로 'You are welcome' 했다. 김동수는 자신의 감사하다는 말에 '천만에요' 라고 친절하게 말하는 그 사람이 꽤 친근하게 느껴져, '이렇게 말하면 누군가와 특별히 가까워질 수 있겠구나' 라고 생각했다. 그런데 오래지 않아 미국인에게 'You are welcome' 이란 그저 '괜찮아' 또는 '알았어' 정도의 습관적인 말에 불과하다는 사실을 알게 됐다. 문제는 영어에 그런 표현이 너무 많다는 것이다.

미국에서 대학을 졸업하고 석사학위까지 받았지만 미국인들의 진심이 무엇인지, 자신이 뭔가를 오해하고 있는 건 아닌지 몰라 당혹스러울 때가 많았다.

처음 교수로부터 'excellent' 라는 말을 들었을 때가 그런 경우였다. '너 굉장히 뛰어나다' 는 칭찬인 줄 알고 꽤 우쭐했었는데, 몇 번 듣고보니 그 말 역시 그 정도의 칭찬이 아니었다. 미국인들이 일반적으로 말하는 '엑설런트' 는 '그 정도면 뭐, 잘했네' 정도에 해당하는 그저 그런 말이었던 것이다.

또 어떤 일이 잘못됐을 때, 미국인들은 '잘못됐다' 는 표현을 쓰기보다는 'This is an opportunity(이것이 기회다)' 라는 표현을 썼다. 강의실에서는 결코 배울 수 없는 이런 영어 표현이 수백 가지도 넘는다는 사실이 그를 더욱 위축시켰다.

그런데 직장생활을 하면서는 영어를 '완전정복' 하는 것보다 더 어려운 것이 있다는 걸 알게 됐다. 서양인에 대한 동양인의 콤플렉스를 극복하는 것이었다.

김동수가 듀폰에서 일을 시작했을 때만 해도 미국인이 아닌 다른 나라 사람이 본사의 임원이 되거나 주요 현지법인의 사장이 되는 일은 상상할 수도 없는 일이었다. 그런 분위기 속에서 김동수는 입사 10여 년 만에 미국 직원만 5천 명을 거느리는 자리에 오르며 '아시아인 최초' 라는 타이틀을 거머쥐었다. 모두가 장한 일이라고, 동양의 작은 나라 출신이 대단한 일을 해냈다고 했다.

하지만 정작 김동수 자신은 미국인을 부하로 거느리는 것은 물론, 미국인들 앞에서 영어로 연설하는 것조차 두려웠다. 그것은 분명 서양인이 특별히 우월하다는 사대주의적 발상과는 다른 종류의 두려움이었다. 굳이 말하자면 글로벌 비즈니스의 주도권을 쥔 서양인, 즉 미국인들에 대한 심리적 열등감이었다.

직원만 1200명이나 되는 존스빌 공장에서 부공장장으로 일할 때였다. 발령을 받고 공장에 가자 공장장이 물었다.

"언제쯤 공장에 나와 일할 수 있습니까?"

"아이들 학교에 넣고, 가구 사고, 앞으로 1주 정도는 더 걸릴 듯합니다. 공장 돌아가는 프로세스를 배워야 하니 시간을 좀 주십시오."

사실 김동수가 출근 시기를 늦춰 말한 것은 두려움 때문이었다. 서양인들을 아랫사람으로 두고 일을 시킨다는 게 여간 껄끄러운 일이 아니었던 것이다. 사람도, 프로세스도 모르면서 무조건 덤비기 싫었다. 그의 마음을 아는지 모르는지, 공장장은 단호하게 그의 말을 잘랐다.

"오늘 오후 안으로 개인사를 정리하고, 곧바로 내일부터 일을 시작해줘요."

그 얘기를 듣는 순간 김동수는 눈앞이 깜깜했다. 마음의 준비도 안 됐는데 일부터 시작해야 하는 것이다. 그런데 해보니 세상에 불가능한 일이란 없었다. 출근 1주 만에 자신감이 붙고 6개월이 되니까 편안해졌다.

그에게 무엇보다 큰 자신감을 불어넣어준 일은 존스빌 공장 근무 4개월 만에 열린 공장 직원 파티였다. 공장 직원들이 부부동반으로 참석했던 이 파티에서 김동수는 5분간 영어로 연설을 해야 했다. 직급도 나이도 성향도 각양각색인 사람들을 대상으로 말을 한다는 것이 그를 진땀나게 했다.

어렵게 첫 마디를 열고 5분이 어떻게 지나갔는지 모르게 연설을 마쳤다. 잔뜩 긴장한 채 연설을 마친 그가 정신을 차렸을 때, 사람들이 그를 향해 박수를 보내고 있었다. 진심이 담긴 박수였다. 김동수는 그때 알았다. 서양인에 대한 콤플렉스를 극복하기 위해 그에게 필요했던 것은 '뛰어난 영어회화 실력'이 아니라 진심이 담긴 '소통의 도구'라는 것을!

비로소 그는 서양인에 대한 동양인의 열등감을 넘어설 수 있게 된 것이다.

50대 초반의 나이에 듀폰 아시아 태평양 지역 사장이 되자, 이번에는 또 다른 부담감이 그를 압박했다. 나이를 중시하는 일본의 문화였다.

아시아 경제의 약 50%, 3조 달러의 규모를 자랑하는 일본은 아시아에서 가장 중요한 시장 중 하나였고, 듀폰 입장에서도 아시아 태평양 본부를 비롯해 17개 합작회사가 있는 일본은 매우 중요한 시장이었다. 그런데 부임을 하고보니 50대 초반의 김동수가 상대해야 할 일본 현지 사장들은 주로 60대 중후반의 연장자들이었다. 나이 많은 사장들에게 업무보고를 받고 지시를 해야 하는 일이 쉽지 않았다.

누구에게 말도 못하고 끙끙거리고 있을 무렵, 듀폰에서 일하다 퇴직한 일본인 우에무를 만났다. 이런저런 이야기를 하던 끝에 고민을 털어놓자, 우에무가 김동수의 눈을 들여다보며 진심어린 말투로 물었다.

"당신은 왜 이곳 일본에 있는 것입니까?"

김동수는 영문을 몰라 멀뚱히 우에무를 쳐다보기만 했다. 우에무가 부드러운 미소를 띠고 말을 이었다.

"당신은 듀폰의 아시아 태평양 사장입니다. 당신이 한국사람이라는 것은 잊어버리십시오. 당신의 나이도 잊어버리십시오. 당신이 한국인 사장이 아닌 듀폰의 책임자라는 걸 기억하고, 당신의 나이가 일본인 사장들보다 적다는 걸 잊어버리고 행동한다면 모든 문제는 사라질 것입니다."

김동수는 갑자기 눈앞이 환하게 열리는 걸 느꼈다. 그가 그렇게 오랜 세월 짊어지고 산 콤플렉스란 것이 결국은 자신의 고정관념이 만든 편견의 덫에 불과하다는 걸 깨달은 것이다. 그래서 그는 아시아 지역 총책임자가 되어 동서양 각국의 직원들로부터 업무보고를 받는 자리에서 우에무를 떠올리며 미소지을 수 있었다. 고정관념을 버리고 나서야 콤플렉스로부터 자유로워질 수 있는 것이다!

글로벌 스탠더드, 원칙은 엄격해야 한다

1998년부터 듀폰 아시아 태평양 지역의 사장으로 활약하고 있는 김동수 사장이 지금까지 자기 손으로 직접 해고한 사람은 모두 150여 명이나 된다.

험난하기가 태풍 속 파도 같다는 비즈니스 세계에서 동고동락해온 직원들을 잘라내면서 마음 편한 CEO가 어디 있겠는가? 김동수 역시 자신이 해고한 그 한 사람 한 사람이 모두 가슴아픈 기억이다. 그러나 그는 속으로 가슴앓이하고 아파할망정 겉으로는 냉정하고 단호했다.

지난 2001년, 듀폰 타이완 공장에서 직원 한 사람을 해고할 때도 그랬다. 공장 관리부서에서 근무하던 이 직원의 해고 사유는 실정법 위반. 공장폐수를 기준치 이상으로 배출해 타이완의 법을 어겼다는 것이다.

그러나 사정을 자세히 들여다보면 정상참작이 됨직한 사건이기도 했다. 이 직원은 자신이 일하고 있는 듀폰 타이완 공장에서 폐수가 기준치 이상으로 배출된 것을 알고, 폐수 농도가 정상치 수준으로 돌아올 때까지 기계를 조작했다.

당시 타이완은 기준치를 넘겨 폐수를 방출할 경우 해당 공장의 가동을 즉시 중단하도록 법으로 정하고 있었지만, 이 직원이 보기에 공장에서 배출한 폐수는 기준치를 약간 벗어난 것에 불과했고, 공장 가동을 멈출 경우 회사가 수십억 달러 비용을 지불해야 한다는 걸 알았기 때문이었다. 그의 행동은 보는 시각에 따라 '회사를 위한 선택'으로 미화될 수도 있었다.

하지만 김동수는 그 같은 사실이 감사에서 적발되자 이 직원에게 퇴사 명령을 내렸다. 선처를 부탁하는 주변의 만류에도 불구하고 그는 단호했다. 피도 눈물도 없이 냉정한 사람이어서가 아니었다. 규정을 알고서도 지키지 않는 것은 원칙에 어긋나는 일, 원칙이 무너지면 모든 게 무너진다고 판단했기 때문이다.

"그 사건은 가장 가슴아팠던 일 중 하나입니다. 마음은 이해하지만 원칙을 지키기 위해선 어쩔 수 없었죠. 기업의 목표는 지속 가능한 성장인데, 나라 법을 지키지 않는 기업이 얼마나 가겠습니까? 듀폰이 205년을 지탱해온 것은 기본과 원칙에 충실했기 때문입니다."

편법을 허용치 않는 김동수의 원칙은 그 자신에게도 엄격하게 적용됐다.

그가 울산공장 공장장으로 일하던 시절, 공무원들의 비위를 거슬리게 했다는 이유로 억울하게 검사 앞에 불려나가 진술서에 도장을 찍어야 할 일이 많았다. 소방공무원이나 환경 관련 공무원들이 공장에 들렀을 때 '금일봉'을 쥐어주지 않은 게 빌미가 됐다.

하지만 김동수는 돈으로 대충 때우고 넘어가라고 권하는 주변 사람들의 권유를 뿌리치고, '단돈 만 원도 편법을 위해 쓸 수는 없다'는 원칙을 고수했다. 회사규정을 어겨가면서까지 돈으로 위기를 모면하는 것은, 원칙을 철칙으로 삼고 살아온 그답지 않은 일이었고, 지속가능경영을 표방해온 듀폰답지 않은 일이었기 때문이다.

'금일봉' 관행이 김동수에게는 통하지 않는다는 게 알려지자, 오히려 반기고 나서는 공무원들까지 있었다. 금일봉을 요구하는 관행이 사라졌고, 듀폰 코리아를 모범적인 기업으로 지정해 견학 교육장으로 추천하기도 했다.

‘윤리’ 란 나라와 문화에 따라 차이가 있고, 그 기준이 애매한 경우도 있을 수 있다. 하지만 글로벌 기업의 룰은 다르다. 언제, 어디서나, 누구에게나 똑같이 적용되어야 하기 때문에 모든 사람이 이해할 만한 상식의 선에서 정해진다.

그래서 글로벌 CEO 김동수에게 ‘윤리기준’ 은 지위 고하를 막론하고 세계 어디서나 똑같이 적용해야 하는 글로벌 스탠더드다. 그 기준은 가혹하리만큼 냉정하다.

독불장군의 시대는 갔다

듀폰 아시아 태평양 지역을 경영하고 있는 김동수는 10여 년째 같은 자리를 지키고 있다. 미국계 다국적기업에서 이런 자리는 대개 5년 이상 맡기지 않는 것이 관례이기 때문에 장기간 연임 중인 김동수는 매우 이례적인 케이스로 통한다.

그런데 사람들이 장수의 비결을 물으면 김동수는 망설임 없이 ‘강한 부하들’ 덕분이라고 말한다. 자신의 성공을 ‘부하 잘 만난 덕’ 이라고 말하는 김동수의 겸손, 그 속에 진짜 비법이 숨겨져 있다.

듀폰 코리아 직원들 사이에 김동수식 겸손은 이미 정평이 나 있다.

회사에 갓 입사한 신입사원들이 대부분 자신의 생애에서 가장 당황스럽고 놀라운 상황으로 김동수와의 첫 대면을 꼽을 정도다. 그들이 이구동성으로 말하는 '당황스럽고' ' 놀라운' 상황 중 하나는, '복도에서 마주친 사장님'. 도대체 '복도에서 마주친 사장님' 이 어떻게 신입사원들을 그렇게 당황하게 만들었을까?

듀폰 코리아의 복도에서 김동수를 만나보면 그 궁금증은 금세 풀린다. 직원을 만날 때마다 그가 먼저 환하게 웃으며 90도 각도로 허리를 숙여 인사하기 때문이다. 신입사원이 먼저 그렇게 인사를 했으면 모를까, 사장님이 새파란 신입사원에게 허리까지 굽혀가며 꼬박꼬박 인사를 하시니 당황스러울 수밖에.

생각하기에 따라 누구는 '나를 시험하는 게 아닌가' 싶을 것이고, 누구는 '내가 뭔가 잘못한 게 있었나' 싶을 것이었다. 하지만 그런 생각이 기우에 불과하다는 걸 깨닫는 데는 그리 오랜 시간이 필요하지 않다. 김동수가 허리를 숙여 인사하는 것은 '당신은 우리에게 아주 소중한 사람' 이라고 말하는 것과 같기 때문이다.

"제가 특별히 겸손한 것이 아니라 모르기 때문에 겸손할 수밖에 없는 겁니다. 아마 제가 혼자서 모든 걸 다 할 수 있는 능력이 있다면 겸손하지 않아도 되겠지요. 하지만 저한테 그런 능력이 없기 때문에 겸손할 수밖에 없는 거예요."

자신이 완벽하지 않다는 것을 인정하는 순간, 자신의 한계를 인정하는 순간, 주변의 모든 것이 소중해진다는 김동수. 김동수의 이런 경영철학은 그의 전임자였던 할리데이(Holliday) 회장에게 많은 빚을 지고 있다.

전 아시아 듀폰 아시아 태평양 사장이자 현 듀폰의 회장이며, 김동수가 가장 존경하는 경영자로 꼽는 할리데이는 '겸손한 경영'을 조용히 실천해온 인물이다.

미국에 있는 할리데이 듀폰 회장의 집무실 책상 위에는 직급과 이름 대신 'Leaders make it through the people(리더는 사람을 통해 이룬다)'라고 적힌 명패가 있다. 한국식으로 말하자면 '인사(人事)가 만사(萬事)'인 셈이다.

김동수가 할리데이 회장을 처음 만난 건 1988년. 당시 할리데이는 듀폰 아시아 태평양 사장이었는데, 직급으로 따지자면 김동수보다 8단계나 높은 보스였다. 그런 할리데이가 아랫사람인 자신에게 겸손하고 진지한 자세로 뭔가를 물었을 때, 김동수는 듀폰 코리아의 신입사원들이 '사장님'의 깍듯한 인사를 받고 놀란 것만큼이나 당황했었다. 그때까지만 해도 그는 '경영자는 모름지기 아랫사람보다 많이 알고 있어야 하고, 더 훌륭한 비전을 제시할 수 있어야 한다'는 생각에 사로잡혀 있었다. 그런데 할리데이는 본인이 알고 있는 것이 전부가 아니며, 자신이 내놓은 해법이 절대적인 답이 되지 못할 수도 있다는 사실을 순순히 인정했다. 글로벌 CEO에 걸맞은 새로운 역할 모델을 찾고 있던 김동수에게 할리데이가 보여준 '겸손의 리더십'은 신선한 충격 그 자체였다.

김동수는 할리데이식 리더십에 빠르게 동화되어갔다. 인터넷시대의 개막과 함께 '나를 따르라' 식의 독불장군형 리더십은 더 이상 약발이 먹히지 않는 상황, 인터넷에 접속만 하면 누구나 정보를 얻을 수 있게 되면서, 지식과 정보 면에서 부하직원이 CEO보다 월등하게 나은 경쟁력을 갖추게 됐다는 것을 인정한 것이다.

회의를 주재할 때에도 직원보다 더 많이 들을 자세를 취할 줄 아는 그는, 이제 좋은 리더란 전지전능한 독재자가 아니라 조직원 한 사람 한 사람이 자신의 창의력을 100% 발휘할 수 있도록 도와주는 사람이라고 생각한다. 부하직원들의 강점을 발견해 성장하도록 도와주는 것이 기업에게도 CEO 자신에게도 '남는 장사' 라는 것이다. 그래서 그는 오늘도 자기 시간의 50% 이상을 차세대 글로벌 인재양성에 투자하고 있다.

'겸손의 리더십' 은 부하직원에 대한 '칭찬과 격려' 를 통해 더 큰 시너지를 얻는다.

김동수가 직원들에게 하는 말의 약 80%는 칭찬이고, 나머지 20%가 조언이다. 리더가 되기 위해 노력하는 부하직원들에에 권한을 위임해 좋은 성과가 나오도록 도와야 부하도 성장하고 상사인 자신도 성장한다고 믿기 때문이다.

"칭찬하고 존중하라!"

이 말은 김동수가 공장장으로 있을 때 배운 것이다. 당시 그의 상사는 항상 김동수를 칭찬했다. 김동수뿐 아니라 다른 직원들 모두를 칭찬했다. 김동수는 그의 칭찬이 '입에 발린 소리는 아닐까?', '진심이 담겨 있지 않은 말은 아닐까?' 하는 생각이 들었다.

그래서 하루는 상사와 맥주를 마시면서 진담 반 농담 반으로 물었다.

"당신은 예수님 같은 분입니다. 어떻게 그 모든 사람들을 칭찬할 수 있지요?"

그랬더니 그 상사가 빙그레 웃었다.

"승진하기 위해섭니다. 당신이 잘돼야 또 내가 승진을 하지요."

이날 이후, 김동수 역시 칭찬을 입에 달고 산다. 그가 생각하는 가장 어리석은 사람은 부하를 주눅들게 해서 실력을 발휘하지 못하게 하는 상사, 상사의 자리에 오르기 위해 상사를 깎아내리는 부하직원이다. 성공의 노하우, 승진의 노하우는 칭찬에 있기 때문이다.

"부하직원 입장에선 '재주는 곰이 부리고 돈은 왕서방이 가져간다'는 생각에 상사를 끌어내려야 내 자리가 생길 것 같지만, 사실은 그 상사가 승진을 해야 내 자리가 생깁니다. 일의 공과에 대해선 윗사람도 알고 아랫사람도 다 알기 마련이거든요. 그럼에도 불구하고 참고 기다리기가 정말 어렵다면, 미운 만큼 더 일해서 그 상사를 승진시켜버리세요!"

성공의 로드맵을 그려라

"아시아 지도를 놓고 보면 서쪽에서 동쪽으로 올수록 사람들이 조용해요. 인도사람들이 제일 말을 많이 하고, 그 다음에 싱가포르, 홍콩사람들이 자기표현을 잘하고, 그 다음이 중국사람들입니다. 그 중에서 한국사람들하고 일본사람들이 제일 조용해요. 그런데 국제사회에서는 자신의 생각이나 의사표현을 많이 해 나를 내세워야 인정을 받습니다. 우리 젊은이들은 그걸 안해요. 그래서 능력이 많음에도 불구하고 우리나라 사람들이 손해볼 때가 많습니다."

'바보 같은 소리를 하는 사람이 가만히 있는 사람보다 낫다' 고 말하는 김동수.

그는 글로벌 시대에 필요한 인재는 겨우 제목소리를 낼 수 있는 '추종자' 가 아니라 자기의 신념에 확신을 가지고 목소리를 높일 수 있는 '리더' 라고 생각한다. 무한경쟁이 펼쳐지고 있는 글로벌 환경에서 침묵은 더 이상 '금' 이 아니다.

그리고 여기에는 훈련이 필요하다. 때문에 김동수는 글로벌 인재로 성장하려면 최소한 열 명 이상의 멘토를 가져야 한다고 주장한다. 물론 멘토가 반드시 상사일 필요는 없다. 동료도 부하직원도 훌륭한 멘토가 될 수 있다. 특히 능력에 따라 승진이 결정되는 요즘에는 나보다 어린 부하직원이 상사가 되는 경우도 있고, 그런 경우는 앞으로 더 많아질 것이기 때문이다.

김동수가 강조하는 멘토의 조건은 모두 3가지다.

첫째, 배울 수 있는 사람. 둘째, 내가 어려움에 처하거나 궁금한 일이 있을 때 주저 없이 질문할 수 있는 사람. 셋째, 그때마다 나에게 솔직하게 이야기해줄 수 있는 사람.

그 다음엔 멘토십을 유지하려는 노력이 필요하다. 내가 좋아하고 나를 잘 챙겨주는 보스를 멘토로 두었는데 그가 다른 곳으로 발령이 나면, 가끔 안부편지도 쓰고 영전 때 축하 메시지도 보내고, 그 지역에 갈 때는 찾아가 안부인사도 전하면서 끊임없이 관계를 유지하려는 노력이 따라줘야 멘토십이 진짜 '인맥'으로 이어진다는 것이다.

멘토인 상사가 부하직원을 대할 때도 마찬가지다. 김동수와 절친한 한 CEO는 6개월 단위로 부하직원들을 불러, 그들이 회사 안에서 원하는 방향으로 성장하고 있는지, 만약 아니라면 그들이 원하는 미래를 위해 어떻게 해주기를 바라는지 물어본다. 개개인의 성공 로드맵에 따라 조언도 하고 교육기회도 주는 것이다.

글로벌 인재는 멘토십을 통해 양성된다

김동수는 아시아 출신 인재들은 글로벌 기업에서 더 많은 기회를 가질 수 있다고 강조한다. 글로벌 기업의 리더로 활약하고 있는 서양인 대부분이 아시아 시장이 중요하고 아시아에 기업의 미래가 달렸다는 사실에 공감하고 있지만, 그들의 잣대로 아시아를 이해하는 데는 한계가 있기 때문이다.

같은 이유에서, 듀폰과 같은 기업들이 글로벌 리더를 꿈꾸는 아시아의 젊은이들에게는 초고속 인큐베이터가 될 수 있다. 아시아는 아시아인이 더 잘 알기 때문이다. 전 듀폰 아시아 태평양 사장이면서 현 듀폰 회장인 할리데이 역시 비슷한 의미의 말을 했다.

"아시아에서 5년을 근무하면서 아시아는 아시아인이 경영해야 한다는 사실을 배웠다. 내가 아무리 아시아를 이해하려고 노력한다 해도 나는 아시아인이 이해하는 아시아의 1/10도 이해하지 못한다."

그러나 현재 글로벌 기업의 본사임원으로 활약하고 있는 사람들 중 아시아인이 차지하고 있는 비중은 그리 높지가 않다. 듀폰의 경우만 해도, 전체 매출의 20% 이상이 아시아에서 나오고 있는데도 그룹 내 최고위직 임원 50명 가운데 아시아인은 겨우 3~4명에 불과하다.

김동수는 이것 역시 기회라고 말한다. 제대로 된 인력 풀을 갖추지 못했다는 것은 그만큼 기회가 많다는 것을 의미하기 때문이다. 김동수 역시 그렇게 기회를 잡았다.

김동수가 듀폰의 전세계 부직포 사업부 총책임자 겸 본사 부사장을 맡고 있던 1998년 초, 듀폰의 회장이 그를 호출했다.

"지금 아시아에 외환위기가 한창인데, 향후 아시아 시장에 대해 어떻게 생각하십니까?"

갑작스러운 질문이었다. 그러나 김동수는 평소 생각했던 대로 침

착하게 답했다.

"구체적인 데이터는 준비를 못했습니다만, 아시아의 잠재력은 무한하기 때문에 지금의 위기는 일시적인 것이라고 봅니다. 장기적으로 봤을 때는 아시아는 충분히 투자할 만한 곳이라고 생각합니다."

비록 구체적인 데이터를 제시하지는 못했지만, 그의 홍미로운 답변은 회장의 마음을 끌기에 충분했다. 아시아 출신인 그가 진단한 '아시아의 위기'가 미국인 임원들이 내놓은 그것과는 확연히 달랐기 때문이다.

회장은 그에게 '지금 하던 일은 당장 그만두고 아시아의 위기에 대한 보다 객관적이고 과학적인 보고서를 준비해올 것'을 주문했다. 김동수는 즉시 국내외 경제인 100여 명의 리스트를 만들고 미팅 약속을 잡았다. 그가 직접 만나 확인한 각국 경제인들의 반응은 매우 홍미로웠다.

상대적으로 금융위기의 영향을 가장 적게 받았던 일본에서 오히려 가장 부정적인 의견이 나왔고, 홍콩에서는 "위기와 환란은 차이가 있습니다. 지금은 단지 위기일 뿐 환란이 아닙니다", 중국에서는 "환란이 뭡니까? 우리는 매년 10% 이상 성장할 자신이 있습니다", 한국에서는 "이유 없습니다. 아시아의 경제위기는 곧 극복될 것입니다. 어려움이 닥쳐도 어떻게든 살아남는 게 한국인 아닙니까?"라는 의견들이 쏟아졌다.

그리고 인터뷰 시작 60일 만에 보고서가 나왔다. 세계의 경제전문가 100여 명을 만나 인터뷰하고 공부하면서 작성한 '60일 보고서' 다.

그가 발로 뛰면서 쓴 이 보고서는, '아시아의 경제는 그 기초가 매우 굳건하며 지금 아시아가 겪고 있는 위기는 외환관리를 제대로 하지 못해서 생긴 일시적인 환란에 불과하다. 총체적인 경제난으로 볼 수 없기 때문에 듀폰은 아시아에 계속 투자해야 한다' 고 결론내리고 있었다.

보고서를 읽은 회장이 그를 다시 불렀다.

"이제부터 아시아는 당신이 맡았으면 좋겠습니다."

김동수는 잠시 망설였다. 신임 아시아 태평양 사장에 임명된 지 채 1년도 안 된 상황이었고, 그 동안 미국인이 아닌 다른 나라 사람이 사장이 된 적이 없었기 때문이다. 그러나 회장은 확신에 차 있었다.

"아시아에 대해 당신이 가장 잘 알고 있고, 아시아의 잠재력에 대해 확신을 가지고 있는 사람도 당신밖에 없으니, 그 일에 당신보다 더 적합한 사람이 누가 있겠습니까?"

1998년 10월, 김동수는 205년 전통의 다국적 기업 듀폰에서 아시아인 최초로 아시아 태평양 지역 14개 나라를 경영하는 글로벌 CEO가 됐다. 본사에서는 아시아 시장 상황이 워낙 나빠서 걱정을 많이 했지만, 김동수는 '더 이상 나빠질 게 없다. 이제 좋아지는 일만 남았다' 고 생각했다.

그의 낙관적인 예측은 적중했다. 1999년부터 듀폰 아시아 태평양

의 매출실적은 파죽지세로 성장하기 시작했고, 아시아의 금융위기
역시 2년 만에 극복됐다.

"눈을 크게 뜨고 시야를 넓혀라!"

호랑이를 생각하고 그리면 호랑이가, 고양이를 생각하고 그리면
고양이가 나온다.

성공의 로드맵도 마찬가지다. 내가 닮고 싶고 배우고 싶은 멘토를
가슴에 품고 남들이 가지 않은 길, 그 '가능성' 에 승부하는 것, 무슨
그림이든 '첫 획' 이 가장 중요하다.

05

즐거운 성공
편 경영의 선구자

— 비 브라운 아시아 태평양 지역 총괄 김해동 사장

"모름지기 일이란 스스로 흥에 겨워 미처서 해야 합니다.
나는 일하고 남는 시간에 놀지 않고,
놀고 남는 시간에 일합니다!"

| 주요이력 |

1953년 서울 출생
1972년 서울대학교 사범대 부속고등학교 졸업
1979년 청진무역상사 창업
1980년 홍익대학교 과학교육학 석사
1990년 비 브라운(B. Braun) 코리아 설립, 대표이사 사장
2003년 독일 USW, B. Braun 최고경영자과정 수료
2004년 핀란드 헬싱키대학 경제대학원 경영학 석사
2004년 중앙대학교 겸임교수
2004년 사단법인 다국적기업 최고경영자협회 부회장
2004년 사단법인 한국 의료기기 산업협회 건강보험 위원장
2004년 비 브라운 아시아 태평양 지역 총괄 사장
2007년 서울 과학종합대학 박사과정

| 주요저서 |

『나의 꿈은 글로벌 CEO』(월간조선사, 공저)

비즈니스에 지름길은 없었다

아시아인 최초의 비 브라운(B. Braun) 대륙 지역 사장, 20년 단일 다국적기업 CEO, 연평균 30% 이상 초고속 성장의 주역, 국내 펀 경영의 원조.

비 브라운 코리아 김해동 사장의 이름 뒤에는 유난히 많은 수식어가 따라다닌다. 그만큼 성공한 글로벌 CEO라는 뜻일 게다.

그런데 그가 걸어온 길은 다른 CEO들과는 조금 달랐다. 대부분의 글로벌 CEO들이 대기업의 샐러리맨으로 시작하거나 단계별로 경영 수업을 받아 지금의 자리에 오른 것과는 달리, 김해동은 홍익대 물리학과 4학년이던 1979년, 오퍼상으로 글로벌 비즈니스의 대열에 뛰어들었다. 처음부터 '사장'으로 글로벌 비즈니스의 세계에 뛰어든 것이다.

김해동이 대학을 다니던 70년대, 당시 젊은이들에게 인기 있는 직업이 오퍼상(무역 대리점)이었다. 세련된 양복에 그 당시 007영화에서 처음으로 소개된 얇은 007가방을 들고 해외를 넘나드는 그들은 이제 갓 무역입국으로 들어섰으나 여권받기조차 어려웠던 시절의 한국 젊은이들에게 선망의 대상이 아닐 수 없었다.

무엇보다 젊은 피를 들끓게 한 것은, 소자본으로 국제 비즈니스를 시작할 수 있다는 점이었다.

김해동은 군 면제로 그보다 한발 먼저 사회에 진출해 오퍼상에서 근무 중이던 사촌동생에게 함께 오퍼상을 만들어 경영해보자고 제안한다. 사촌동생은 흔쾌히 동업에 찬성했지만, 창업자금이 문제였다. 김해동은 당시 막 퇴직을 해서 집에 있던 부친을 설득하기로 한다.

부친은 자신이 사업을 하면 아주 잘할 것이라는 김해동의 말을 철 없는 녀석의 무모함 정도로 치부해버린다. 하지만 포기할 김해동이 아니었다. 그는 부친이 투자를 약속할 때까지 여덟 번에 걸친 사업계획 브리핑을 군소리 없이 진행했고, 결국 부친으로부터 소액이나마 창업자금을 지원받을 수 있었다.

하지만 멋진 오퍼상으로 성공을 꿈꾸었던 김해동의 계획은 생각처럼 쉽지 않았다. 세상이 그렇게 녹록할 리가 없었다. 회사를 설립하고 2년이 지나도록 단 한 건의 계약도 성사시키지 못한 것이다.

회사는 동업자인 사촌동생 덕에 겨우 명맥을 유지하고 있었지만, 한 대 있던 업무용 자동차조차 굴리지 못하고 세워둘 지경이었다. 꿈을 제대로 펼쳐보지도 못한 채 시들어가는 청춘이 참담했다.

"매 순간 순간 제 모자람을 뼈저리게 느꼈죠. 내 능력 가지고는 안 되나보다. 지금이라도 접고, 취직이라도 해서 낙오자 신세는 면해야 하는 것 아닌가? 회사를, 저 자신을 포기하려고 했죠. 바로 그때 지방의 모 병원에서 첫 주문이 들어왔습니다."

이 첫 거래가 김해동의 비즈니스 인생에 터닝 포인트가 되었다. 그 후로는 일이 술술 풀리기 시작한 것이다. 강의실에서 들었던 '양질전환'의 법칙, 양이 쌓이고 쌓이고 쌓이다가 어떤 한계지점에 도달하면 질로 바뀐다는 이론을 비즈니스 현장에서 확인한 셈이었다.

"저는 원래 사교적인 사람이 못 됩니다. 부끄러움을 많이 타고 낯도 가립니다. 그것이 때로 차가운 인상을 주기도 하죠. 그런데다 말도 어눌하고, 그다지 부지런하지도 않았습니다. 2년간 한 건의 거래도 성사를 못 시킨 건 어쩌면 당연한 일이었어요. 그 힘겨웠던 2년은, 제가 영업인이 될 자질을 갖고 태어나지 않았다는 사실을 뼈저리게 느끼게 한 시간이었습니다.

하지만 배운 것도 있었습니다. 영업 없는 비즈니스는 존재하지 않는다는 것, 삶 자체가 자신을 파는 영업이라는 것입니다."

일단 거래의 물꼬가 트이자, 김해동은 지난 2년간의 혹독한 실패를 거울삼아 자신만의 영업 전략을 구사한다. 자신의 약점에 대한 이해를 바탕으로 새로운 영업 전략을 짠 것이다.

"당시 저는 적극적으로 몰아붙이는 영업인에게 쉽게 설득당하는 고객들의 성향을 이해하기 힘들었습니다. 저 자신이 남에게 쉽게 설득되지 않는 성격인 탓도 있지만, 영업인은 고객이 현명한 판단을 할 수 있도록 도와주는 역할을 넘어서면 곤란하다고 생각했기 때문입니다. 저는 밀어붙이기보다 철저히 당기는 영업전략이 장기적으로 고객에게 더 신뢰를 줄 수 있고, 신뢰가 있어야 설득할 수 있다고 믿었습니다."

그는 고객을 설득하기 위해 준비한 이야기를 가능하면 먼저 꺼내지 않았다. 고객이 궁금해서 물어볼 때까지 기다리거나, 집요하게 고객의 호기심을 자극하여 질문을 유도했다. 관심 없는 사람에게 아무리 달콤한 이야기를 해봐야 소용이 없다는 것, 시장(배고픔)이 진수성찬보다 나은 반찬이 된다는 것을 터득한 것이다. 그러다보니 중요한 상담이 계획되면 며칠 동안 그 생각만 하게 됐다.

'대체 이 고객은 어떤 성격이고, 무엇이 궁금할까?', '이 고객은 어떤 질문을 해서 영업사원을 떠볼까?', '아예 고객이 그 질문을 하도록 기술적으로 유도해서 내 실력을 보여주는 건 어떨까?', '지난번에 까다로운 고객을 만났을 때 이상한 질문을 받고 당황해서 답도 제대로 못했는데, 이번엔 비슷한 질문을 받으면 아주 멋진 대답으로 내 실력을 보여줘야지', '예상 질문지를 만들어 모든 대답을 미리 준비해놓는 것은 어떨까?' ……

놀라운 사실은, 그가 이런 생각에 골몰할수록 실제 상황이 그의 예측에서 크게 빗나가지 않고, 심지어는 그가 간절히 원했던 방향으로 전개되기도 한다는 것이다.

때문에 그는 지금도 현란한 말재주로 밀어붙이는 영업사원을 보면, 가치를 공유할 수 있는 비즈니스 파트너라기보다는 설익은 아마추어라는 느낌을 받는다.

결국 비즈니스에 지름길은 없었다. 영업 자질이 부족하다면 팔고자 하는 내용에 더욱 충실할 수밖에 없다. 준비한 제품, 준비한 서비스가 경쟁자에 비해 두 배쯤 좋다면 영업력이 떨어지더라도 고객이 사줄 것으로 믿었고, 실제 그렇게 준비한 서비스는 짧은 시간 안에 그를 능력 있는 비즈니스맨으로 만들어주었다. 때문에 그는 그 2년간의 실패가 오히려 전화위복의 기회였다고 생각한다.

"만약 그 2년 동안 작은 거래를 한두 건이라도 성사시킬 수 있었다면, 저는 거기에 안도하고 안주해, 평균에도 못 미치는 그렇고 그런 비즈니스맨이 되었을 겁니다."

물은 100도에서 비로소 끓는다

자기만의 고객관리법을 터득한 김해동에게 필요한 것은 이제 품질 좋고 안정적인 거래선. 오퍼상으로 경쟁력을 가지려면 세계유수의 기업들과 독점거래관계를 맺어야 했다. 그러나 그런 기업들이 경험도 일천하고 밀어주는 고객도 없이 후발로 시장에 뛰어든 김해동과 거래를 맺어줄 리가 없다.

그는 이미 잘 알려진 미국, 일본회사들에게 거래를 구걸하며 영원히 2류, 3류로 머무느니, 상대적으로 덜 알려진 유럽이나 완전 불모지였던 동구권을 개척하기로 한다. 그 결과, 80년대 초반 한국인 최초로 광학의 대명사인 동독의 '칼 자이스 예나' 사와 독점 대리점 계약을 체결하는 성과를 내기도 했다. 세계 최고의 독일기술로 만든 정밀광학 현미경을 일본제 수준의 가격으로 국내시장에 공급하게 된 것이다.

"얼마나 개척할 곳이 없었으면 유서까지 써놓고 동독까지 들어갔 겠습니까? 하지만 그 덕분에 후에 많은 동독의 대표적인 기업들과 독점거래관계를 맺을 수 있었습니다. 만약 독일이 통일되지 않았다면, 제가 동독의 명예 영사가 됐을 겁니다."

냉전시대에 목숨 걸고 동독에 들어간 덕분에 그의 회사는 80년대 중반 이미 50여 명의 내외국인 직원을 거느린 중견 오퍼상으로까지 발전한다.

수입 품목도 광학기기에서 미생물 관련기기, 의료기기, 식품포장 기계로 확대됐고, 단일 수주액이 3천만 달러가 넘는 턴키(Turn Key) 프로젝트까지 수행했다.

그러나 1990년 통독과 함께 대부분의 동독회사들이 서독에 합병이 되거나 국제 경쟁력을 상실하게 되면서, 회사의 주 수입원 역할을 했던 칼 자이스의 광학비즈니스마저 잃게 된다.

"통독으로 인해 겪은 어려움들이 그 당시에는 커다란 시련으로 느

꺼졌지만, 돌이켜보면 내게 한발 앞서 무역 대리점인 오퍼상의 한계를 깨우쳐주고, 대리점이 아닌 세계 유수 기업인으로 나의 능력을 펼쳐보고 싶다는 꿈을 갖게 된 계기가 되었다고 생각합니다. 저를 단단하게 만든 또 하나의 전화위복이었죠.”

1990년, 돌파구를 찾고 있던 김해동은 한국시장 개척에 어려움을 겪고 있던 유럽 최대 의료관련 다국적 기업, 비 브라운과 합작을 한다. 한국의료기 시장의 전성기는 정부 주도하에 전국에 종합병원들이 들어서게 된 1980년대, 경제발전 속도를 가장 빨리 따라가는 것이 국민건강에 대한 관심이었다.

그런데 그 시기의 특수마저 놓쳐버린 독일기업 비 브라운은 6·25 이후 미국에 의해 미국 의료방식으로 구축된 한국 의료시장에서 어려움을 겪고 있었다.

합작은 비 브라운과 김해동 모두에게 윈-윈의 전략이 되었다. 독일 비 브라운 본사는 독일과 한국을 오가며 의료기사업을 해온 김해동이야말로 한국의료기 시장에서 후발주자로 고전 중인 비 브라운의 약점을 극복해낼 적임자라고 판단했고, 김해동은 비 브라운의 첨단기술력을 위기극복의 카드로 택했다.

이렇게 출발한 비 브라운 코리아는, 김해동의 지휘 아래 후발주자로서의 약점을 극복하고, 16년 연속 평균 30% 이상의 고속성장을 거듭하며 한국의료기 산업의 선두기업으로 발돋움했다.

2004년, 이 같은 성과를 바탕으로 김해동은 비 브라운의 아시아 태평양을 총괄하는 글로벌 CEO가 됐다. 아시아인으로서 최초였다.

"물은 98도, 99도에서 절대 끓지 않습니다. 딱 100도가 되면 끓기 시작하거든요. 그런데 사람들은 98도, 99도까지 열심히 노력하다가 안 되면 불을 껐다 다시 지폈다 하다가 결국 '안 되나보다' 하고 중간에 포기해버립니다. 물이 끓는 데는 그 마지막 1도가 더해져야만 하는데 그걸 못 기다리고 포기할 때가 많습니다."

무슨 일이든 그 일이 성사되기 위해 필요한 딱 '그만큼'의 시간과 환경이 필요하고, 그 조건이 만들어질 때까지 소신을 갖고 끊임없이 몰입하는 자세가 필요하다는 걸 값비싼 수업료를 내고 배운 김해동.

만약 그가 그의 첫 번째 도전에서 2년을 넘기지 못하고 포기했더라면, 통독이라는 역사의 소용돌이 속에서 포기해버렸더라면, 전세계 인구의 60%를 경영하는 아시아 태평양의 글로벌 CEO는 되지 못했을 것이다.

물은 100도에서만 끓는다!

잘 놀 줄 알아야 일도 잘한다

"제가 회사에서 하는 일은 별로 없습니다. 그저 직원들이 신나게 일할 수 있는 분위기를 만들어줄 뿐이지요."

김해동이 1990년부터 2004년까지 14년 동안 경영했던 비 브라운 코리아는, ‘놀면서 일하는 즐거운 직장’ 으로 유명하다.

그는 지금도 부하직원들에게 ‘일을 더 열심히 하라’, ‘목표를 반드시 달성하라’, ‘일을 위해 너 자신을 희생하라’, 이런 이야기는 안 한다. 대신 ‘스키를 타러 갈까? 아니면, 스킨스쿠버 할까?’ 묻는다.

그런 의미에서 김해동은 우리나라 ‘펀 경영(Fun Management)’ 의 선구자다. 그는 펀 경영이란 말이 유행하기도 전인 1990년대 말부터 펀 문화를 경영에 접목했다. 용평에 직원 전용 펜션까지 마련해놓고 겨울철 금요일 일과 후에 직원들과 용평으로 달려가 여가생활을 같이 즐겼다.

‘사장님’ 이 나서서 “일하다 시간이 남으면 놀아라.” 하지 않고, “놀다 시간이 남으면 일하라.” 하다보니 백여 명이 일하는 그리 크지 않은 회사에 동호회만 십여 개가 넘는다. 해마다 일본으로 전지훈련을 떠나는 스키동호회 ‘레인보우’, 와인과 미식을 즐기며 글로벌예절을 몸으로 익히는 미식가 클럽(Gourmet Club), 농구동호회, 스쿠버다이빙동호회, 골프동호회, 테니스동호회, 낚시동호회……. 활동비용의 반은 회사에서 부담한다.

그리고 무엇보다 김해동 자신이 앞장서서 열심히 논다. 여름이면 스킨스쿠버, 봄가을엔 골프, 겨울이면 스키를 즐긴다.

놀이 문화만이 아니다. 비 브라운 코리아는 회사 입구에 카페와 와인 바를 설치해 직원들과 방문객 누구나 와인을 즐길 수 있게 하고, 1년에 네 번 지인과 가까운 고객들에게 보내는 선물용 와인을 고르는 시음회에 직원들을 참여시킨다. 품격 있는 여유를 즐기라는 의미다.

게다가 비 브라운 코리아에서는 개인의 휴일과 휴가는 신성불가침영역의 날이다. 무한경쟁의 시대, 목표 달성을 위해 채찍질을 해도 시원찮을 판에, 사장이 나서서 '일보다는 개인적인 삶이 중요하니 너무 일만 하지 말고 잘 놀아라', '놀면서 일하고 일하면서 즐기자'고 말하면, 대부분의 사람들은 신선하다는 반응 전에, '그렇게 놀면서 일은 언제 하고 성과는 어떻게 얻겠느냐?' 걱정을 해준다.

'비 브라운의 제품이 독점 상태에 있거나 경쟁력이 너무 좋아 놀아도 고객이 찾아주나보다.' 하고 배부른 부자의 타령으로 치부해버리는 사람들도 있다.

그런 걱정을 들을 때마다 김해동은, '오늘의 성과는 길게는 1년, 짧게는 수개 월 전에 한 일에 대한 결과인데, 이미 벌어진 일을 지금 야단친다고 뭐가 달라지겠느냐'고 한다.

그런 그에게 기업은 빙산과 같다. 밖으로 나타나는 성과는 물 위에 떠 있는 작은 빙산의 일각에 지나지 않고, 눈에 보이지 않는 물속에 실제 기업의 근본 역량이 있다는 것이다.

이것은 효율이 높아지면 빙산의 밀도가 높아져 빙산의 몸이 가벼워진 만큼 떠오른다, 성과가 오른다는 말이다.

그러나 구조조정이 계속되고 직원들이 계속 긴장 상태로 조여지다보면, 빙산의 밀도가 점점 낮아져 녹아내리기 시작한다. 일단 녹으면 다시 얼리는 데 수십, 수백 배의 에너지가 더 필요할 것은 불 보듯 뻔한 일이다.

"어떤 CEO는 거대한 빙산을 자신의 어깨로 떠받쳐 빙산을 밀어올리려 합니다. 직원들을 몰아붙이는 것을 경영이라고 생각하는 사람들입니다. 그런데 빙산은 일단 들어올리면 절대 다시 내려놓지를 못합니다. 관성의 법칙에 의해 본래 있어야 할 자리보다 더 가라앉기 때문이죠. 시간이 지나 혹 평균수면으로 다시 떠오를 수도 있지만, 주주들이 기다려주지 않을 확률이 더 높습니다. 무리를 하면 그만큼 합리적인 수습이 어렵다는 말입니다.

저는 현재 기업의 평균수명이 30년이고, 그것 또한 점점 짧아지고 있다는 사실이 전혀 놀랍지 않습니다. 효율만능주의에 빠져 단기실적을 요구하는 주주, 밀어붙이기 명수인 CEO들이 기업의 수명을 단축시키고 있는 것입니다. CEO들이 지구를 어깨에 짊어진 채 벌을 받고 있는 아틀라스라면 얼마나 서글픈 일이겠습니까?

단기성과를 내는 여러 전략이 있을 수 있지만, 지속 가능한 대도약(Sustainable Quantum Leap)을 위한 지름길은 없습니다."

김해동은 큰 빙산을 보고 싶으면, 빙산 전체를 키우라고 조언한다. 기본(Fundamental) 역량에 충실하자는 것이다.

생산조립라인의 생산성이 중시되던 시대에는 일의 양이 성과에 직접적인 영향을 미치기 때문에 직원을 몰아붙이는 것이 경영의 중요한 부분이었다. 그러나 일의 질과 이를 위한 혁신이 우선시되는 글로벌 시대에는 억지로 일을 해봐야 열심히 하는 흉내밖에 낼 수 없다.

빙산 전체를 키울 수 있는 기본 역량은 '흥'에서 나온다. 흥이 나지 않으면 빙산은 더 이상 커지지 않는다.

"과거에는 가장 좋아하는 일과 가장 잘하는 일(Core Competency)을 구별해서 잘하는 일에 승부를 걸고 열심히 하면 경쟁력을 가질 수 있었어요. 그런데 이제는 그것으로 충분치가 않아요. 그래서는 일에 흥이 나지 않잖아요? 흥이 안 나면 몰입이 어렵고, 몰입 없이 혁신적인 아이디어가 나올 수 없고, 혁신과 창의 없이 지속 가능한 경쟁 우위를 갖는다는 것은 불가능합니다.

이제는 가장 좋아하는 그 일과 가장 잘하는 그 일이 같아야 합니다. 그래서 그 일이 미치도록 좋아야 합니다. 그 일이 시장의 필요와 맞아떨어졌을 때 그 개인, 그 기업은 성공할 수밖에 없습니다. 미치도록 좋은데, 하도 좋아서 새벽까지 잠을 못 자는데, 자다 깨면 다시 잠들기 아까울 지경인데, 사장이 열심히 하라 말라 할 필요가 있겠습니까? 흥이 나고 미쳐야 성공합니다."

내가 미쳐야 일도 잘하고 나도 자란다

김해동에게 일은 몰입과 창조다. 그리고 그건 누가 시켜서 되는 일이 아니다. '내가 좋아서' 해야, '내가 미쳐서' 해야만 되는 것이다. 그에게 '즐거운 직장, 놀기 위해 일한다' 는 콘셉트는 바로 그런 몰입의 힘, 창조의 힘을 끌어내는 원동력인 것이다.

김해동의 '펀 워킹' 은 '그냥 즐겁게 편하게 일해라' 가 아니다. '네가 정말 그 일이 좋고 즐거우면, 그 일에 빠져서 네 모든 것인 듯 그렇게 일을 즐겨라' 라는 뜻이다. 그래서 그의 회사는 직원들이 잘 놀수록 매출이 는다.

'놀수록 매출이 늘어난다' 는 김해동의 주장은 비 브라운 코리아 16년의 경영 성적표로도 확인된다. 1990년부터 2006년까지 비 브라운 코리아의 매출 증가율은 약 1천 배. 2001년과 2006년에는 3년마다 매출을 2배씩 올리는 'Double in Three' 에 도전해 목표치를 1년이나 앞당겨 달성함으로써, 5년 만에 회사의 매출 규모를 4배로 키우는 기염을 토했다.

이처럼 단기간의 성과만을 놓고 봐도, 비 브라운 코리아가 내놓은 성적표는 눈부시다. 그러나 김해동은 이런 식의 단기 성과만으로 기업을 평가하는 것에 반대한다. 비 브라운 본사가 168년 동안이나 독일에서 가장 존경받는 기업의 명성을 이어올 수 있었던 것은, 단기 성과를 얻기 위해 직원들을 폭주기관차처럼 내모는 대신, 직원들이 일터에서 진정한 보람과 기쁨을 찾을 수 있도록 도왔기 때문이라는 것이다.

2003년 '독일에서 가장 일하기 좋은 기업(The Best Working Place in Germany)', 2005년 '독일 최고의 기업(The Best Employer)' 1위에 선정된 비 브라운의 기업 모토는, 전문지식의 공유(Sharing Expertise).

50개국 글로벌 현지법인의 네트워크를 통해 지식과 경험, 성공을 공유하면서, 모든 제품을 하도급업체에 맡기지 않고 직접 생산한다. 직원들의 창조적 장인정신이 인류 최초의 링거 주사액, 최초의 멸균 흡수 봉합사, 최초의 정맥 유도관 등 창의적인 발명품을 만들어낸다고 믿기 때문이다.

비 브라운은 또 창조적 장인정신은 충실한 가정생활에서 나온다고 보고, 자녀와 부모의 가정생활을 중심으로 근무 형태와 근무지를 결정할 수 있도록 200개의 서로 다른 유연근무 모델과 60개의 교대근무 모델을 두는 등, 직원들의 일과 삶이 균형을 맞추도록 최대한 돕고 있다.

현재 말레이시아에서 비 브라운 아시아 태평양 사장으로 근무 중인 김해동의 가장 큰 불만은 사람들이 너무 바쁘다는 것이다. 바쁜 것이야말로 몰입과 창조의 가장 큰 적이기 때문이다.

'조직의 역량을 키우기 위해서는 직원들이 자기 계발을 할 시간이 필요한데, 너무 바쁜 나머지 공부할 시간이 없어서 역량을 향상시킬 수가 없고, 역량 향상이 안 됐으니 더 중요한 일을 맡길 수가 없고,

중요한 일을 맡길 수 없으니 모든 일을 각자가 다 처리해야 하기 때문에 더 바빠지고, 더 바쁘기 때문에 교육할 시간이 더욱 없어진다.' 김해동은 이처럼 바쁜 생활의 악순환을 '바쁜 척 증후군(Too Busy Syndrome)' 이라고 부르며 경계한다.

"대부분의 직원들이 일의 양이 곧 성과라는 잘못된 도식에 매여 있습니다. 자신이 바빠야 회사의 일원으로 이바지한다고 믿고, 바쁘지 않으면 불편하게 생각하는 것 같아요. 그런데 바쁘다고 하는 것은 지극히 주관적인 판단으로, 본인이 일을 전략적으로 관리하지 못하고, 일에 매달려 일에 끌려간다는 것을 남 앞에서 인정하는 것입니다. 이런 직원에게 어떻게 큰일을 맡길 수 있겠습니까?"

일하고 남는 시간에 놀지 말고, 놀고 남는 시간에 일하라!

김해동의 'fun 경영' 이 한국을 넘어 아시아를 즐겁게 하고 있다.

신뢰경영, 선택했으면 믿어야 한다

같은 글로벌 기업이라고 해도 단기간의 효율을 중시하는 미국계 기업 CEO와 지속 가능한 발전을 중시하는 유럽계 기업 CEO의 평균 수명에는 상당한 차이가 있다.

미국계 글로벌 기업들이 'CEO가 자신의 책임에 가장 충실할 수 있는 기간은 3년이다' 라는 구체적인 통계를 가지고 정기적으로 책임자를 바꾸는 것과는 달리, 유럽계 기업, 특히 가족기업인 비 브라운은 검증된 리더에게 총괄적인 권한을 주고 충분한 시간을 주기 때문이다.

데이터를 기준으로 책임자를 정기적으로 교체하는 미국식 용인술은 단기적 성과에는 효과가 있지만, 업무에 대한 깊은 통찰력, 일관된 기업문화, 정책이 바탕이 되는 장기 전략수행에는 약점이 있다. 반면, 어느 한 사람에게 총괄권한을 주는 유럽식 용인술은 다양한 형태의 리더십을 제한시켜, 조직의 근원적 변화(Transformational Change)에는 약점을 드러낼 수도 있다. 효율을 중시하면 미국식, 근본(Fundamental)을 중시하면 유럽식을 선택하는 것이다.

그렇다면 CEO 입장에서는 어떨까? 3년마다 새로운 도전을 위하여 새로운 임무를 찾는 것도 흥미로운 일이고, 한 군데서 충분한 시간을 갖고 자신의 경영 역량을 맘껏 펼쳐보는 것 또한 모든 CEO들의 꿈이다.

미국기업에서도 잭 웰치 등 뛰어난 CEO들은 오랜 시간을 통해 위대한 업적을 이루어냈고, CEO들이 가장 같이 일하고 싶은 주주로 꼽히는 위렌 버핏은 인수대상 기업 평가에 CEO의 능력을 가장 중요한 잣대로 삼고 인수 후 그 CEO에게 거의 전권을 맡기다시피 한 후, 자신은 CEO가 필요로 할 때만 충고를 해주는 것으로 유명하다.

전자는 평균 이상의 CEO가 평균 이상의 성과를 내기에 가장 좋은 방식이고, 후자는 위대한 CEO가 위대한 업적을 내기에 이상적인 방식이 될 것이다. 최악의 경우가 평균 또는 평균 약간 이상의 CEO에게 너무 오래 한 조직을 맡겨 본인도 나태해지고 조직도 망치게 되는 일이다.

비 브라운 코리아 대표를 거쳐 20년 동안 글로벌 CEO로 일하고 있는 김해동.

그의 장수 비결은, 단지 그가 유럽계 회사에 몸담고 있어서가 아니다. 독일 본사는 권한 위임을 통해 김해동이 충분한 시간을 가지고 독창적인 경영능력을 발휘할 수 있도록 배려함으로써, 비 브라운의 경영철학과 비전이 글로벌 스탠더드화할 수 있는 여건을 만들어주었고, 김해동은 그 권한 위임의 우산 아래 자신만의 독특한 경영 스타일을 만들어나간다. 일명 '오너십'이다.

무슨 일이든 자기 일 하듯이 했고, 결론을 내려야 할 때는 '내가 본사의 오너인 회장이라면 이 순간에 어떤 결론을 내렸을까'를 먼저 생각했다. 회사가 그를 선택하고 믿었듯이, 그도 자신의 선택을 믿고 회사를 내 것처럼 생각하고 일한 것이다.

1997년 말, 외환위기 때의 일이다. 수입 원가가 두 배로 뛰는 극한 상황에서 대부분의 회사들이 패닉 상태에 빠져 본사의 지휘만을 기다리고 있을 때, 그는 자발적으로 자신의 연봉을 30% 깎고, 직원들의 희생을 최소화하면서 적극적으로 시장에 대응할 수 있는 '생존 전략'을 수립해 12%의 성장을 이끌어낸다. 다국적 기업 직원이 자발적으로 월급을 깎은 이 초유의 사건 역시 책임감으로 무장한 오너십 없이는 불가능한 일이었다.

이런 김해동의 오너십은 '신뢰경영'으로 이어졌다. 비 브라운 코리아의 인재 충원방식은 결원이 생기고 나서야 직원을 뽑는 게 아니라, 평소에 좋은 사람을 눈여겨봤다가 인사위원회에 추천하는 방식이다. 그리고 일단 능력이 검증된 인재들에게는 일일이 참견을 하지 않는다. 큰 테두리 안에서 최대한 특성을 발휘할 수 있도록 기다린다.

사람을 믿고 기다리는 '신뢰경영', 이것이 단기 실적과 효율에 따라 경영자를 교체하는 미국식 경영전략과는 다른 비 브라운의 강점이요, 김해동을 장수 CEO로 만든 또 하나의 힘이다.

"선택했으면 믿어라!"

비 브라운에서 20년, 김해동은 이제 말레이시아에서 선택과 믿음에 대한 새로운 실험을 하고 있다. 김해동식 권한위임이다.

김해동 자신은 누구도 못하는, 자신만이 할 수 있는 일에 전념하고, 나머지는 아랫사람에게 전적으로 위임하는 방식. '내가 아니면 안 된다'는 생각을 버리자 부하직원의 실패나 실수마저도 성공으로 가는 과정으로 보였다.

"내가 10년, 20년 동안 해왔던 일이고 내가 더 잘할 수 있는 일인데, 그 일을 맡기고 옆에서 지켜보자면 답답하기 이를 데 없지요. 하지만 기다려야 합니다. 그리고 설사 그 사람이 내가 기대했던 것보다 더 못한 결과를 내더라도 칭찬하면서 인내하는 것, 그것이 진정한 권한위임이고 거기서부터 신뢰가 생기는 것이죠."

물론 자격이 되지 않는 사람에게 무조건 믿고 맡길 수는 없는 일, 김해동은 아시아 태평양 지역의 사장단을 만날 때마다 이렇게 주문한다.

"나는 여러분의 업무 능력에는 관심이 없습니다. 좋은 사람을 찾고, 그들이 역량을 더욱 높이고 발휘하도록 만드십시오. 여러분의 능력에 대한 평가는 여러분이 누구를 선택했고, 그들이 어떠한 성과를 내는지에 달려 있습니다.

나에 대한 평가 역시 내가 고른 여러분들이 일을 어떻게 하느냐에 따라 달라질 것입니다."

성공이란 마음을 움직여 호감을 얻는 것이다

"돌이켜 생각해봤을 때, 누가 나를 좋아하지 않는데 좋아해본 적이 없고, 누가 나를 존경하지 않는데 존경해본 적이 없습니다. 내가 상대를 먼저 존경해야 그들이 조그만 존경이라도 저한테 돌려주지 않겠습니까? 리더십이란 결국 내가 먼저 직원들을 좋아하고, 믿고, 존경하고, 직원들과 사랑에 빠지는 것입니다."

김해동이 비 브라운 아시아 태평양 지역 총괄 사장에 임명됐을 때, 말레이시아 본부의 분위기는 냉랭했다. 은근히 사장 자리를 기대하고 있던 독일인 부사장들도 실망감을 굳이 감추려 하지 않았다. 동쪽 끝에 있는 작은 나라에서 직원이라고 해야 고작 100여 명밖에 안 되는 작은 자회사를 경영하던 사람이, 직원 수만 5천 명이 넘는 공장과 첨예한 이해관계가 엇갈리는 아시아 태평양 지역을 어떻게 관리하고 이끌 것인가? 의구심이 많았던 것이다.

팔짱 끼고, '그래 한번 해봐라. 어떻게 하나 한번 보자' 는 식이었다. 화려한 취임은커녕, 첫 일주일 동안 기존임원들로부터 저녁 초대 한번 못 받고 처량하게 혼자 호텔에서 저녁을 해결해야 했다.

그렇게 며칠이 지나갔다. 그가 비록 전권을 맡은 사장이라고는 하지만, 마음에 들지 않는다고 기존 임원들을 모두 그만두게 할 수는 없는 일이었다.

조직개편을 할 때 미국계 기업이 CEO는 물론 기존 임원들까지 바꾸어 빠른 변화를 유도하는 반면, 유럽계 기업은 CEO만 바꾼다. CEO만 바꿀 경우, 기존 임원들의 저항과 관성이 남아 있어 혁신은 늦어질 수밖에 없다. 변화의 속도와 효과에 관한 한 미국식이 옳았다.

그러나 새 CEO, 새 임원으로 구성된 새로운 경영진이 항상 옳은 방향으로 조직을 변화시킨다는 보장은 어디에도 없다. 병든 조직을 치료한다는 것이 그리 쉬운 일이 아니기 때문이다. 치료는커녕 병을 악화시키고 오히려 기존의 좋은 기업문화까지 변질시켜 치료가 어려운 중증으로 만들 가능성도 높다.

이에 반해 유럽방식은 CEO의 리더십과 경영전략에 따라 기존 임원들을 설득시키고 변화시키는 검증의 기회를 가진다. 문화를 중시하는 유럽계 기업에서는 더디더라도 그런 검증절차를 밟게 하는 것이 당연할 수 있다.

이에 먼저 손을 내민 것은 김해동이었다.

"인간은 동물적 생존본능 때문에 싸우고(경쟁), 인간적 생존본능 때문에 서로 돕습니다(협력). 여러분은 어떤 본능에 따르겠습니까?"

김해동은 진심을 담아 자신의 경영전략을 기존 임원들에게 이해시키고 그들을 변화시키려 노력했다.

지리하고 힘겨웠던 검증의 시간이 지나자, 팔짱을 끼고 있던 부사장들이 김해동의 리더십과 경영전략에 호감을 표시하며 동조하고 나섰다. 그의 오른팔, 왼팔을 자처하며 팔을 걷어붙이고 나선 임원들은 갈래갈래 갈라져 자기 부서의 이익만을 챙기던 조직들을 하나로 만들고, 기꺼이 공동의 목표를 향해 매진해주었다. 김해동의 진심이 얼어붙은 그들의 마음을 녹인 것이다.

그때부터 김해동은 스스로를 '운이 좋은 사람'이라고 부른다. 자신의 성공 비결은 순전히 '좋은 부하를 만난 덕'이며, 주변에 능력 있는 부하직원이 많은 건 자신의 운이 좋기 때문이라는 것이다.

"한 친구가 그런 이야기를 해요, 용장(勇將) 위에 지장(智將)이 있고 지장 위에 덕장(德將)이 있다. 저는 덕장이 다인 줄 알았더니, 그 친구 왈 덕장 위에 운장(運將)이 있다고 그래요. 운 좋은 장군. 그래서 '그럼 나는 운 좋은 운장이 될래' 했습니다.

사실 전에는 운을 사람의 힘으로는 어쩔 수 없는 어떤 것이라고 생각했는데, 언젠가부터 운도 실력이고, 운도 노력에 따라 좋아질 수 있는 것이라는 생각이 들었습니다. 운 좋은 사람들 한번 보세요, 다 운이 좋은 이유가 있습니다. 바로 호감을 주는 인상입니다. 호감을 주는 인상을 가진 사람은, 사람들이 호감을 갖고 호의를 베푸니까 운이 좋을 확률이 더 높지요. 또 비호감인 얼굴도 노력에 따라 호감 가는 얼굴이 될 수 있으니, 운도 노력이고 실력 아니겠습니까?"

김해동은 성공이란, 누군가의 마음을 움직여 호감을 얻는 것이라고 정의한다.

비즈니스 네트워크 안에서 나와 연관이 있는 사람들은 나와 경쟁하거나 협력하는 사람일 수밖에 없는데, 나와 협력하는 사람의 수와 질이 경쟁관계에 있는 사람들보다 많고 좋을 때, 나는 성공할 수밖에 없다는 것이다. 내가 누군가에게 호감을 보여줄 때, 그 사람이 내 경쟁자가 될 확률은 그만큼 낮아진다. 나한테 호감을 보내는 사람에게 호감을 느끼고 협력하는 것은 인지상정이기 때문이다.

과거 어려웠을 때, 모든 것이 부족했을 때는 같이 나누어 가질 파이가 작고 제한되어 있었다. 생존을 위해 각자의 몫을 조금이라도 많이 차지하기 위해 싸웠고, 힘세고 영악하고 독한 사람이 이겼다.

그러나 자원이 풍족해진 오늘날엔 협력여부에 따라 파이를 더 크게, 더 많이 만들 수 있다.

여러 사람들과 협력하여 더 많은 파이를 만들고, 상대에게 더 큰 조각을 양보해, 그들이 신이 나서 더 큰 파이를 만들게 하는 것이 현명한 방법이 되었다.

덕 있고, 부드럽고, 현명하고, 상대에게 호감을 줄 수 있는 사람이 성공하는 시대, 김해동은 그 새로운 시대의 성공 모델이다.

06

다국적 기업의
살아 있는 신화

― 존슨&존슨 아시아 태평양 제약 총괄 장정훈 사장

"나는 매일 꿈꾸고 도전합니다.
그리고 무조건 승리할 것이라고, 내게는 성공의 권리가 있다고
스스로에게 마법을 겁니다."

| 주요이력 |

1947년 제주 조천 출생

1969년 서울대학교 약학대 졸업

1972년~1976년 영진약품 외국부과장

1978년 미국 미시건대학교 경영대학 경영학석사(MBA)

1978년~1979년 미국 Eli Lilly & Co. Marketing Coordinator

1979년~1982년 한국 릴리 Pharmaceutical Manager

1980년~1988년 연세대학교 경영대학 강사

1982년~1993년 한국 얀센 사장

1988년 미국 하버드대학교 경영대학 최고경영자 코스 수료(AMP)

1991년 얀센그룹 The Excellence of The Year

1991년~1996년 본사 Pharmaceutical 그룹 경영위원(management board)

1993년~2007년 존슨&존슨 아시아 태평양 제약 총괄 사장

1997년 2월 기조연설 'Asian Business Conference', University of Michigan

2005년~2007년 고려대학교 국제대학 겸임교수

2006년 11월 기조연설 'Global Business Conference', University of Pennsylvania(Wharton)

생각의 크기가 인생을 결정한다

1993년부터 14년간 존슨&존슨의 아시아 태평양 12개국을 경영해 온 장정훈은 '경영의 귀재', '다국적 기업의 살아 있는 신화' 로 통한다.

그런 그가 고향인 제주도 밖의 새로운 세상과 만난 것은 상고 1학년 여름방학 때, 상고를 나와 은행에 다니는 사람이 마을의 영웅이었고, 산수에 소질이 있던 섬소년이 선택할 수 있는 최고의 목표도 은행원이던 시절이었다.

그런데 서울 외삼촌댁을 방문하면서 처음으로 접한 서울의 문화는 제주도와 많이 달랐다. 또래 친구들은 대학을 가기 위해 과외를 했고, 외삼촌과 친지들의 관심사도 온통 자녀들의 대학진학에 관한 것이었다. 태어나서 처음으로 '대학' 이야기를 들은 장정훈은 문화적인 충격을 받았다. 갑자기 세상이 크게 보이고, 자신은 한없이 작아 보였다.

제주도로 가는 배 안에서 뱃멀미를 하며 소년 장정훈은 인생의 밑그림을 다시 그려보기 시작했다. 그리고 과감히 목표를 바꾸었다. ‘은행원’ 대신 ‘대학생’을 선택한 것이다.

제주에 도착한 다음날부터 장정훈은 머리를 싸매고 입시 공부를 시작했다. 그의 목표는 그냥 대학이 아니라 서울대였다.

그러나 현실의 벽은 높았다. 상고에서 가르치는 과목은 대학 입시와는 거리가 멀었고, 학원을 따로 다닐 처지도 못 되었다. 이때 그에게 힘이 되어준 유일한 무기는 끈기와 인내심이었다.

“2년 반을 꼬박 독학으로 대입 시험을 준비했어요. 상업학교 학생이다보니 대학을 가려면 따로 공부해야 할 게 많았지만, 학원은 상고에서 가르치지 않는 화학 과목을 한 달간 수강한 게 전부였어요. 수학도 혼자서 참고서 한 권을 열 번 반복하는 수밖에 없었죠.

지금 생각해보면, 학원 공부 한번 변변히 못해본 상업고등학생 처지로, ‘내 성적이 어느 정도인지’, ‘이 정도 성적이면 어떤 대학에 갈 수 있는지’도 전혀 가늠할 수 없으면서, 서울대 외에 다른 대학은 전혀 고려치 않았다는 게 우습지요. 하지만 그때 저한테 ‘할 수 있다’는, 그런 오기 같은 신념이 없었다면, 오늘의 저도 없었을 겁니다.”

꼬박 2년여 동안 독학으로 준비한 대학 입학시험을 앞두고, 예기치 못한 불운이 찾아왔다. 작은 화물선으로 운수업을 하던 부친이

해상사고를 당한 것이다.

"부친사망! 청천벽력 같은 급보였습니다. 작은 화물선으로 운수업을 하시던 아버님은 우리 가족의 모든 것이었어요. 그때 막내동생이 채 두 돌이 안 지난 때여서, 우리 7남매는 당장 생계를 어떻게 이어나가야 할지 눈앞이 캄캄했지요."

아버지의 시신을 찾지 못한 가족들은 장례를 치를 수도 없었다. 시신을 찾아야 장례를 치르는 게 제주도의 오랜 풍습이었기 때문이다. 한 달 이상을 눈물로 상가를 지키는 사이, 장정훈은 물론 재수를 하고 있던 형도 대학시험 준비는 엄두도 내지 못했다.

모든 것을 포기하고 있던 그때, 서울에 살던 이모가 제주에 왔다. 매일 상가에서 울고 있는 7남매를 본 이모는, 가족회의를 거쳐 우선 조카 한 사람이라도 서울로 불러 대학시험을 치르게 하자고 결정한다. 장정훈 인생에 새로운 길이 열리는 순간이었다.

하지만 그의 서울대 합격을 믿는 사람은 아무도 없었다. 장정훈 자신도 마찬가지였다. 외삼촌과 이모의 도움으로 시험은 치를 수 있게 됐지만, 암기 과목은 책도 펼쳐보지 못한 상태였기 때문이다. 그는 미리 '이번 시험에 떨어지면 서울에서 사촌동생들을 가르치는 아르바이트라도 하며 재수를 하리라' 결심까지 했다.

그런데 행운의 여신이 그에게로 왔다. 서울대 약학대학에 당당히 합격한 것이다. 그의 합격 소식에 그를 아는 이들이 진심으로 축하

해주었다. 청운의 꿈을 꾸는 섬소년에게 강하고 멋진 날개가 생긴 것이다.

"그때가 1965년이었습니다. 서울대 합격은 제 인생의 중요한 터닝포인트였죠. 단순히 서울대에 들어갔다는 것보다, 어려운 상황 속에서도 좌절하지 않고 혼자 힘으로 뭔가를 이뤄냈다는 '자신감'을 갖게 됐다는 것이 더 중요한 일이었어요.

당시 제가 처한 상황으로 보면 그냥 헛된 꿈일 수도 있는 일이었는데, 포기하지 않고 도전하니까 된 거잖아요. 그 뒤로 아무리 어렵고 힘든 일이 생겨도 두렵지가 않았습니다. 지금도 무엇이 나를 여기까지 오게 했을까? 생각해보면, 그건 나는 할 수 있다는 자신감이었어요. 그 최초의 자신감을 심어준 게 바로 서울대 입학이었죠."

꿈꾸는 이에게 불가능은 없다

서울대 대성에 성공한 장정훈. 그러나 원하는 대학에 입학했다고 모든 게 해결되는 건 아니었다. 과 친구들 사이에서 그는 엘비스 프레슬리도 모르고 「소공자」, 「소공녀」도 읽어보지 못한 '촌놈'에 불과했다. 게다가 그는 술도 못하고 수줍음도 많았다. 당연히 친구 사귀기가 쉽지 않았다.

당시 그가 자신의 콤플렉스를 극복하기 위해 선택한 방법 역시

'끈기'와 '인내심'이었다. 지독한 독서만이 길이라고 생각했던 그는 당시 노벨문학상을 탄 헤밍웨이의 「노인과 바다」를 한국어 번역본과 원서로 여섯 번이나 읽었다. 왜 이 책이 노벨상을 탔는지 스스로 알 수 있을 때까지 읽고 또 읽은 것이다.

이런 식으로 대학 재학시절과 군대생활 동안에 읽은 원서가 200여 권. 어려운 책은 어려워서, 마음에 드는 책은 좋아서, 열 번이고 스무 번이고 반복해 읽었다. 그리고 마침내 자신을 한없이 작게 만들었던 지적 콤플렉스로부터 당당히 벗어날 수 있었다.

자기 힘으로 뭔가를 이루어낸 적이 있는 사람은 두려움이 없다. 스물아홉 나이에 멀쩡하게 다니던 제약회사를 그만두고 MBA 공부를 떠난 그가 그랬다. 그는 경영이라는 다른 영역에 도전해보고 싶었고, 더 넓은 세상을 보고 싶었다.

이때 장정훈에게 유학을 권유한 사람은 같은 제약회사의 연구원이었던 프랑스인 친구로, 그는 '글로벌 리더 장정훈'의 가능성을 알아본 최초의 외국인이었다.

"너처럼 열정적인 사람에게 이런 일은 어울리지가 않아. 넌 미국에 가서 MBA를 공부해야 해."

"난 영어도 잘 못하는데 어떻게 MBA 공부를 할 수 있어?"

"아니야, 넌 할 수 있어. 나도 했잖아."

진심을 담은 친구의 이 한마디가 천군만마 같은 힘이 됐다. '한국에서 상과대학에 편입하는 것도 힘든 일인데, 미국에 가서 MBA를 하겠다니 지금 제정신이냐' 며 걱정하는 선배들도 있었지만, 아무것도 안해보고 후회하느니, 피투성이가 되더라도 뭔가 해보고 후회하는 편이 낫다고 생각했다. 그는 MBA 공부를 하기 위해 미국행 비행기에 오른다.

겨우 한 학기분의 등록금과 생활비만을 가지고 떠난 유학길은 말 그대로 '고생길' 이었다. 그저 일을 하면서 학비와 생활비를 벌면 되겠지, 고생만 이기면 되겠지 했던 안이한 생각은 큰 착각이었다. MBA 과정은 새벽 두세시까지, 주말을 반납하고 공부해도 쫓아가기 힘들었다.

한 학기 공부가 끝나자 주머니에 남은 돈은 100달러 정도밖에 되지 않았다. 등록금은 고사하고 한 달치 하숙비 200달러도 낼 수 없는 한심한 사태가 벌어진 것이다.

주변사람들에게 광고를 해서 아르바이트 자리를 부탁했지만, 서툰 영어실력이 문제였고, 일자리도 없었다. 학교를 포기하려던 차에 보사부 소속 공무원으로 국비 유학 중이던 룸메이트가 아르바이트 자리를 알아봐주었다. 1960년대 흑인 폭동이 있었던 위험지역의 주유소 아르바이트였다. 주유소에 면접을 갔더니 사장이 '이렇게 위험한 데서 일할 수 있겠느냐' 고 물을 만큼 사람을 못 구하던 곳이었다. 하지만 장정훈에게는 선택의 여지가 없었다. 그 자리에서 바로 '내일 아침부터 출근하겠다' 고 약속했다.

한 학기 일해서 다음 학기 공부하고, 다시 한 학기 일해서 그 다음

학기 공부하는 고학생활의 연속이었다.

목마른 사람이 우물을 판다고 했던가? 그 즈음 장정훈은 경영대학에서 미국인 외에 받기 어렵다는 장학금 융자를 받는 '기록'을 세웠다. 경영학과에 장학금이 별로 없었던 때였고, 장학금 융자 신청조건 역시 미시건 지역 출신 또는 영주권 소지자만이 가능했다. 하지만 그는 물에 빠진 사람이 지푸라기를 잡는 심정으로, '장학금을 주면 절대 후회 안하게 하겠다'는 내용의 편지까지 써서 장학 담당자에게 갔고, 그렇게 한 달을 쫓아다닌 끝에 결국 '졸업 후에 미국사회와 미시건 지역에 공헌하라'는 말과 함께 미시건 지역 학생에 준한 조건으로 학자금 융자를 받을 수 있었다.

이렇게 '무조건 하면 된다' 식으로 버틴 유학생활이, 장정훈 인생의 두 번째 터닝포인트였다. 미시건대학교 MBA 과정을 마치고 한국 얀센의 초대 사장이 된 건 그의 나이 서른네 살 때의 일이다.

장정훈은 이후 11년 동안 한국 얀센의 사장으로, 제약업계 마케팅의 역사를 새롭게 쓴다. 당시 우리나라 제약사들의 평균 수익률보다 30%나 높은 평균 40% 이상의 성장률을 기록하며, 창립 10년 만에 국내 최대 규모의 합작 제약사로 부상시킨 것이다.

"가진 게 없다고 기회가 없는 것은 아닙니다. 꿈꾸는 이에게 불가능은 없습니다!"

아름다운 회사를 사훈으로 내걸다

"지금 생각해도 한국 얀센 사장으로 일하던 11년이 제 인생에서 가장 아름다웠던 순간이 아니었나 싶습니다. 아무것도 없는 상태에서 평범한 사람들이 뭔가를 이뤄내려고 함께 노력했고, 그 성과를 얻어냈던 그때, 매 순간이 감동이었어요."

한국 얀센 사장이 된 첫해부터 흑자 경영을 기록했던 장정훈은 최고 수준의 급료, 최고 수준의 복지를 약속하고 실천한다. 직원들에게 회사에 대한 자부심, 자신의 일에 대한 자부심을 심어주고 싶었던 것이다.

그러나 장정훈이 일보다는 사람이 우선인 즐거운 일터, 주주들의 이익보다 직원들의 이익이 우선되는 '아름다운 회사'를 사훈으로 내걸었을 때, 그의 오랜 지인들조차도 '아름다운 회사'는 현실적으로 불가능한 꿈이라고 했다.

그는 '아름다운 회사'가 더 이상 꿈이 아니라는 사실을 하나씩 증명해 보였다.

부동산 투기로 집값이 폭등해 서민들이 내 집 마련을 엄두도 못 내던 1990년 초의 일이다. 공장을 방문한 장정훈은 직원들과의 대화에서 '월급, 보너스 많이 줘도 집값이 너무 올라 내 집 마련할 엄두는 내지도 못한다'는 이야기를 듣는다. 국내 최고 수준의 급료를 받고 연간 1,000% 이상의 보너스를 받아도 내 집을 못 산다는 사실에 충격을 받은 장정훈은 '무주택자가 없는 회사를 만들겠다' 는 목표를 세우고 구체적인 실행방안을 찾았다. 직원들의 월말 보너스를 담보로 무이자 융자를 실시한 것이다. 그 결과 공장 직원 가운데 기혼인 사람 전원이 3년 안에 '내 집 마련의 꿈' 을 이루게 됐다. 은행의 대출 이자만 20%를 넘던 고금리 시대의 일이었다.

"'회사도 성공을 떠나 자랑스럽고 보람 있는 곳으로 만들어야 하지 않겠는가?' 생각했습니다. 사람들은 제가 목표를 너무 높게 잡았다고 했지요.

하지만 저는 현실에서 지금 당장은 불가능해 보일지 모르지만 일단 '할 수 있다' 는 확신이 서면, 계속해서 설득하고 또 설득합니다. 그러다보면 어느 순간에 제가 아닌 우리 팀이 그 꿈을 이루기 위해 노력하고 그 꿈에 도달하는 걸 보게 됩니다.

결국 저는 불가능해 보이는 목표를 이룰 수 있도록 격려해주고 자극하는 역할을 할 뿐이지 실제로 일을 해내는 것은 팀원들이죠."

그런 장정훈의 노력이 한국 얀센을 노조 없는 회사, 노사분규가 없는 회사로 만들었다. 노사분규가 났다 하면 노사 양측이 한 치의 양보도 없이 격렬하게 맞서던 1980년대에도, 30여 개 공장이 모여 있던 향남제약 공단 내에서 노조가 없는 공장은 한국 얀센이 유일했다.

지금도 무노조의 전통을 이어가고 있는 한국 얀센 직원들은 당시 노조를 만들지 않는 이유에 대해 이렇게 설명한다.

"회사가 우리에게 준 최고의 대우는 돈이 아니라 자부심이었습니다. 회사는 우리의 일터, 우리가 하는 일을 자랑스럽게 만들어주었습니다. 그러니 우리가 노조를 만들어 무엇 하겠습니까?”

사람이 회사의 전부다

장정훈에게 경영 비법을 물으면, 그는 늘 ‘경영은 전략이 아니라 사람이 하는 것’이라고 답한다. 물건을 만드는 일도, 물건을 파는 일도, 조직을 꾸리는 일도 결국은 사람이 하는 일이므로, 기업 경영에서 사람은 ‘중요한 부분’이 아니라 ‘전부’라는 것이다.

그래서일까, 장정훈의 신입사원 고르는 눈은 까다롭기로 유명하다. 각 부서에서 결원이 생겨 사람을 뽑아달라고 아무리 보채도 적합한 인물이 없으면 절대 뽑지 않았고, 서슬 퍼런 군사정권 실세들의 은근한 압력에도 끄떡하지 않았다. ‘장관빽으로도 장정훈의 회사에는 들어갈 수 없다’는 말은 그래서 나왔다.

그렇다면 그가 함께 일하고 싶은 인재는 어떤 사람들인가? 학벌이 화려한 사람도 토플 점수가 높은 사람도 아니다. 꿈에 대한 갈망이 있는, 그 꿈을 이루기 위해 포기하지 않고 달릴 수 있는 청년정신의 소유자다.

한국 얀센 사장 시절, 그의 ‘압박 인터뷰’는 취업 준비생들 사이에 ‘악명’이 높았다. 압박인터뷰란 한 응시자를 사장과 중역이 다양한 질문으로 인터뷰해 주어진 상황에 얼마나 순발력 있게 대응하는가를 알아보는 인재선발 방식으로, 지원자에게도 면접관에게도 엄청난 인내력을 요한다.

장정훈은 모든 중역을 총동원해 아침 9시부터 저녁 7시까지 1주일 동안 인터뷰만 하게 했다. '누구를, 왜 뽑을 것인가?', '그의 자질이 뭔가?'를 찬찬히 확인하게 한 것이다. 면접관은 지원자의 취미는 기본이고 연애 실패담까지 파고들었다. 그 과정에서 지원자의 문제 해결방식, 열정, 인내력, 약점까지 자연스럽게 드러났다.

어떤 때는 15분이면 될 사람을 2시간, 3시간씩 인터뷰하기도 했다. 그런 그를 보고 어떤 중역이 굳이 그렇게까지 할 필요가 있냐고 물었을 때, 그는 이렇게 되받았다.

"당신이 저 자리에 앉아 있는 지원자라고 생각해본 적 있습니까? 인터뷰라고 해서 잔뜩 준비하고 왔는데, 몇 마디 물어보지도 않고 '됐습니다' 해버리면 당신은 어떻게 느끼겠습니까? 모욕감을 느끼지는 않겠습니까? 저기 앉은 이가 당신이라고, 당신의 아들딸이라고 생각하고 인터뷰에 응해보세요. 당신이 15분이면 충분하다고 생각했던 사람들 중에 진짜 인물이 있을 수도 있습니다."

그러다보니 평균 300대 1의 입사시험을 통과한 사람 중에는 압박 인터뷰만 서너 번을 거친 사람도 있었다. 김상진 홍콩 얀센 사장이 바로 그런 경우였다.

장정훈이 참석한 1차 인터뷰는 6시간에 걸쳐 진행됐다. 밥도 먹지 못하고 화장실에 갈 시간도 없이 인터뷰만 6시간을 해야 했던 김상진에게 장정훈이 툭 던진 한마디는 황당하다 못해 허탈했다.

"아무리 생각해도 당신 같은 사람은 우리 회사에서 함께 일할 수 없습니다."

서울대 약대를 졸업한 엘리트라는 자부심으로 똘똘 뭉쳐 있었던 김상진으로서는 눈물이 날 만큼 자존심이 상하는 일이었다. 하지만 그날의 경험은 김상진으로 하여금 자신을 되돌아보는 계기를 마련해주었다. 살면서 처음으로 자신이 누구인지, 어떻게 살아야 하는지 돌아보게 된 것이다.

장정훈은 그때를 떠올리며 이렇게 말한다.

"그냥 영업사원 하나 뽑는 거라면 그렇게 혹독하게 했겠습니까? 리더가 될 만한 녀석이다 싶었던 거지요. 피도 눈물도 없는 세 차례의 면접을 거치면서 우리는 그에게도 기회를 주었던 겁니다. '정말 이 회사에 들어와서 버틸 수 있는가?' 스스로 돌아볼 시간을 주고 싶었어요. 리더가 될 재목이라는 확신은 있었지만, 그가 우리 회사에 맞는 인재인지는 좀 더 따져볼 필요가 있었던 겁니다."

경영은 사람을 행복하게 하는 예술이다

장정훈이 젊은이들에게 기대하는 리더십은 단순한 기술이 아니다. 높은 에너지를 가진 열정, 팀을 이끌어가는 조화능력, 완벽하게 오픈되어 있는 마인드, 무엇이든 배우려는 의지다. 장정훈은 그런 능력을 가진 진짜 인재를 알아보는 아주 특별한 눈을 가지고 있다.

한 번은 이런 일도 있었다.

국내 유수의 K대에서 50명의 신입사원 후보를 보냈는데, 장정훈은 적합한 사람이 없다며 단 한 명도 뽑지 않았다. 좋은 인재를 보내달라며 주요 대학 취업 담당자들을 일류 호텔로 초대해 설명회까지 가진 회사에서, 그것도 지명도도 높지 않은 작은 외국계 기업이 '굴러온 호박을 넝쿨째 차버린' 이 사건이 가져온 파장은 예상보다 컸다. 해당 대학으로부터 거센 항의가 들어왔고, '대체 어떤 회사기에 K대생을 한 명도 뽑지 않았는가.' 하고 여론의 폭발적인 관심이 일어났다.

그러나 이슈의 한복판에 선 장정훈의 반응은 담담했다.

"나는 우리 회사에 가장 적합한 인재를 뽑고 있습니다. 회사에 꼭 필요한 사람이 아니라면, K대에서 50명이 아니라 1,000명을 보내왔어도 난 단 한 명도 뽑지 않았을 것입니다."

이렇게 까다로운 선발 과정을 거쳐 입사에 성공한 신입사원들은, 이어지는 혹독한 연수과정을 거쳐 의사나 약사 못지않은 의학지식을 갖추어야만 했다.

그리고 그 과정을 거쳐 살아남은 '얀센의 영업사원' 들은 경쟁 제약회사들의 스카우트 표적이 되었다. 그들이야말로 까다롭게 뽑아

엄격하게 키운 '진짜 프로' 들이기 때문이다.

현재 존슨&존슨 제약부문 아시아 태평양 지역 임원단에도 한국 얀센 출신의 인재들이 대거 포진해 있다.

박제화 대만 및 홍콩 얀센 총괄 사장, 필리핀 사장을 역임한 최태홍 현 한국 얀센 사장, 김상진 홍콩 얀센 사장, 김옥연 아시아 태평양 마케팅 총괄 부사장 등 사장단 회의에 참석하는 임원의 30~40%가 장정훈이 직접 선발해 키운 인재들이다.

'최대한 까다롭게 뽑아 끝까지 책임진다' 는 그의 철학은 누군가 그의 도움을 필요로 할 때 더욱 빛을 발한다.

현 한국 얀센 사장인 최태홍을 필리핀 사장으로 임명했을 때의 일이다.

'필리핀이라는 낯선 땅에 가서 무엇을 어떻게 해야 할지' 막막했던 최태홍이, 발령을 낸 장정훈을 찾아왔다.

"사장님, 필리핀에 가서 제가 무엇을 해야 합니까?"

잠시 최태홍을 쳐다보던 장정훈이 입을 열었다.

"Make your people happy!(직원들을 행복하게 만드세요)"

직원이 행복해지면 나머지는 저절로 얻을 수 있다는 뜻이었다. 한 사람의 인재가 곧 기업이라고 믿는 장정훈. 그에게 경영은 '사람을 행복하게 하는 예술' 이다.

이상주의자의 백만 불짜리 열정

장정훈을 잘 아는 사람들은 그의 성공을 두고 '이상주의자의 백만 불짜리 열정' 이라고 말한다. 그의 이름 뒤에 이런 수식어가 붙게 된 사연은 이렇다.

1991년 태국의 푸켓에서 존슨&존슨 제약 사업부 아시아 사장단 전략회의가 열렸을 때였다. 회의장에서 단연 화제가 된 것은 연평균 40%를 넘는 고속성장률과 원만한 노사관계를 자랑하는 한국 얀센의 성공 비결이었다.

그런데 한국에서 장정훈이 거둔 성과와 리더십에 감명을 받은 것은 동료 사장단만이 아니었다. 3일째 회의가 끝난 후, 본사 제약그룹 회장인 발렌티노 탕카가 즉석에서 그를 본사 그룹 경영위원에 임명한 것이다.

"한국에서 얀센이 큰 성공을 거두었다는 사실은 알았지만, 이 정도인 줄은 몰랐습니다. 당신을 보니, 우리 미국인이나 유럽인과는 기질이 많이 다른 것 같습니다. 부디 우리에게 새로운 자극이 되어 주십시오."

이때 장정훈의 나이 마흔둘, 아시아인 최초, 최연소, 본사 그룹 경영위원이 되는 순간이었다. 그러나 장정훈의 본사임원 기용을 두고 그룹 내부의 반발이 만만치 않았다. 서구 강대국 출신의 나이 많은 사람들이 주도해온 그룹 경영위원 자리에 아시아인, 그것도 한국이라는 작은 나라 출신의, 이제 겨우 갓 마흔을 넘긴 '애송이'를 앉힌다는 게 말이 되느냐는 분위기였다.

발렌티노 탕카 회장은 그의 방식대로 '왜 존슨&존슨에 장정훈이 필요한가'를 입증해 보였다. 같은 해 그룹 차원의 프레팔시드 마케팅 전략을 세우는 월드 와이드 컨퍼런스의 회장으로 장정훈을 지명한 것이다.

그리스 사이프러스 섬에서 전세계 80여 명의 사장 및 마케팅, 학술 관계자들이 참석해 4일간 계속된 이 회의에서 장정훈은 그룹 차원에서 반드시 해결해야만 했던 '숙제'에 파격적인 제안을 한다. 지난 2년 동안 한국을 제외한 전세계 시장에서 고전을 면치 못하고 있던 신제품 프레팔시드 위장약의 매출을 획기적으로 높여보자는 것이었다. 당시 그 위장약의 매출액은 2억 달러, 10억 달러의 매출을 올리면 블록버스터로 통하던 그때, 장정훈은 이 약의 매출을 10년 안에 10배나 끌어올려 20억 달러를 만들어보자고 했다.

회의 초기의 분위기는 대체로 회의적이었다. 10억 달러도 어려운 마당에 20억 달러를 팔자는 말이 먹혀들 리 없었다.

그러나 장정훈은 포기하지 않았다. 일방적인 주입식 회의가 아닌, 참가자들이 함께 시장을 분석하고, 비슷한 상황에서 성공한 제품들의 사례를 분석하는 토의과정을 통해, 20억 달러 매출이 가능하다는 믿음을 확산시켰다. 좀처럼 식을 줄 모르는 그의 열정에 노란 얼굴의 동양인이라고 우습게 여기던 서구인들의 인식이 조금씩 변하기 시작했다.

그리고 4일 후. 20억 달러 매출안에 동의할 것인가, 반대할 것인가? 투표가 진행됐다. 결과는 '20억 달러 매출안 추진!' 장정훈의 열정에 회의론자들까지 마음을 돌려 열렬한 지지와 협조를 약속한 것이다. 장정훈의 본사임원 기용을 두고 오갔던 잡음들을 일거에 잠재울 수 있는 '일대사건'이었다. 그리고 대부분이 불가능하다 했던 20억 달러 목표액은 1990년대 말 달성되었다.

당시 그 과정을 모두 지켜본 발렌티노 탕카 회장은 이 회의를 '올림푸스 2000'이라고 명명했다. '올림푸스 2000'은 사이프러스에 있는 2천 미터 높이의 올림푸스 산과 2000년까지 20억 달러 매출이라는 목표를 절묘하게 조합시킨 말로, 장정훈에게는 또 하나의 기회를 의미했다. 1991년 전세계 존슨&존슨 계열사 사장단 가운데 단 한 명만이 받을 수 있는 '최고 경영인상'을 수상한 것을 시작으로, 1993년 아시아 태평양 사장에 임명됨으로써 명실상부한 글로벌 리더로 인정받게 된 것이다.

"보통 사람들이 생각하는 기준보다 높은 비전을 세우고, 그 꿈을 이루어낼 수 있는 자기최면, '해낼 수 있다는' 자신감으로 혼신을 다해 에너지를 쏟는 열정이 중요합니다. 하지만 아무리 좋은 성과를 내더라도 사람에 대한 사랑, 따듯한 가슴이 없는 사람은 절대로 리더가 될 수 없습니다. 제가 각 지역 중역 이상 간부를 뽑을 때 가장 중점을 두었던 것이 바로 '따뜻한 가슴'입니다."

장정훈에게 꿈을 실현시킬 뜨거운 열정이 없었다면, 그는 단지 무모한 이상주의자에 머물렀을지도 모른다. 이상주의자 장정훈의 성공신화는 그의 따뜻한 가슴, 백만 불짜리 열정이 만든 필연이다.

크레도, 기업윤리를 실천하라

아우어 크레도(Our Credo).

우리말로, '우리의 사명' 쯤으로 해석되는 '아우어 크레도' 는 1943년 존슨& 존슨 창시자의 아들이었던 로버트 존슨 회장이 제시한 최초의 기업 윤리 강령으로, 소비자-종업원-지역사회-주주 순으로 기업의 책임을 규정하고 있다.

많은 기업들이 사훈이나 사명을 가지고 있지만 존슨&존슨의 크레도가 특히 유명한 것은, 기업 활동을 포함한 모든 행동과 의사 결정에 '크레도' 를 최우선 순위에 두기 때문이다. 이 같은 사실을 가장 극명하게 확인해준 사건이 바로 '타이레놀 사건' 이다.

1982년 미국 시카고에서 존슨&존슨에서 생산한 진통제 타이레놀을 먹은 주민 7명이 사망한 사건이 벌어진다. 조사 결과 타이레놀 자체에 문제가 있었던 것이 아니라, 누군가가 그 속에 청산가리라는 독극물을 집어넣은 것으로 밝혀졌지만, 존슨&존슨에 대한 신뢰도는 이미 바닥에 떨어진 뒤였다.

당시 회장이었던 제임스 E. 버크는 사건 발생 당일 저녁, 미국 전역에 있는 타이레놀을 모두 수거해 폐기하라는 결정을 내린다. 이때 수거한 타이레놀은 요즘 돈 1억 달러에 달하는 막대한 물량. 존슨&존슨이 입은 경제적 타격이 워낙 커서, '타이레놀'이라는 브랜드를 포기해야 한다는 주장이 나올 정도였다. 그러나 사안의 심각성에 비해 제임스 회장의 결정은 너무도 쉽게 내려졌다.

"아우어 크레도의 첫 번째 사명은 소비자에 대한 보호입니다. 단한 사람의 소비자라도 우리 제품 때문에 사고를 당했다면, 그건 우리 회사의 철학과 위배되는 문제입니다."

그로부터 15년, 존슨&존슨 아시아 태평양 제약 총괄사장 장정훈의 '아우어 크레도'는 아시아의 금융위기에 맞서는 것이었다. 아시아 국가들이 사상 초유의 경제위기에 빠졌던 1997년, 대부분의 기업들은 생존을 위해 직원들을 정리해고하는 대대적 구조조정을 단행했다.

그러나 장정훈은 아시아 지역의 직원을 단 한 명도 해고하지 않았다. 환율이 폭락하는 바람에 타격이 특히 심각했던 인도네시아의 경우, 직원들을 정리해고하는 대신 생계비를 지원해주고 급료를 올려주며 고통을 분담했다. 그리고 정리해고를 권고하는 본사 경영진을 다음과 같은 말로 설득했다.

"아우어 크레도의 두 번째 사명이 종업원에 대한 보호입니다. 외환위기 때문에 직원들을 자른다는 것은 말이 되지 않습니다. 모든 경비를 절약해서라도 해고 없이 위기를 극복하겠습니다.”

그는 정리해고 없이 위기를 극복하겠다는 약속을 지켰다. 외환위기가 끝날 때까지 출장 시 자신의 비행기 등급과 호텔 등급을 낮춤으로써 직원들에 대한 사랑과 신뢰를 실천했던 장정훈의 노력은, 존슨&존슨 아시아 지역 회사들이 자발적으로 고통 분담에 동참하는 계기를 마련했다.

홍콩에서 아시아 지역 사장단 회의가 열렸을 때의 일이다. 관행적으로 그 나라에서 가장 좋은 5성급 호텔에서 열렸던 회의는, 상황이 상황인 터라 변두리의 호텔에서 진행됐다.

그런데 회의를 마치고 그 호텔에 마련된 숙소로 돌아간 사장단들은 인도네시아 사장, 테러사아가 보이지 않아 당황했다.

테러사아의 행적이 알려진 건 다음날 아침, 그녀는 회의장소인 변두리 호텔의 숙박비도 비싸게 생각돼서 주변에 있는 더 허름한 여관을 찾아 잠을 잤다고 했다. 하루 숙박비라도 절약해 직원들 급여에 조금이라도 보태고 싶었다는 것이다.

장정훈과 회의에 참석한 사장단들을 감동시킨 그녀의 사연은 본사로 전해졌고, 아시아의 위기는 결국 극복될 것이라는 확신을 심어주었다.

기업의 ‘윤리지수’는 크레도를 대하는 CEO의 철학과 비례하고, 기업의 ‘신뢰도’는 크레도를 실천하는 CEO의 의지와 비례한다!

지식은 공유하고 성공은 카피하라

장정훈은 존슨&존슨 제약사업부 아시아 태평양 총괄 사장을 14년 간 역임했다. 그는 다국적 기업 CEO로 14년이나 장수를 한 비결에 대해 '아시아 태평양 지역을 오픈시키고 통합해서 한 회사처럼 사람과 지식, 성공요인을 공유했기 때문'이라고 말한다. 존슨&존슨 같은 글로벌 기업에서는 무엇보다 '열린 지식 조직'이 중요하다는 것이다.

아시아 태평양 총괄 사장이 되자마자 그는 '아시아 태평양 지역 내에서는 전체 직원을 우리 사람처럼 서로 활용하자'고 주장했다. 모든 사람, 모든 시스템, 모든 성공을 공유하자는 것이다. 못사는 나라, 글로벌 스탠더드의 기준으로 보면 많이 처지는 후발국가일지라도 반드시 배울 점이 있다는 그의 평소 지론에서 나온 말이었다. 한마디로 '경계를 없앤 지식경영(Knowledge Management)'이다.

이를 위해 장정훈은 아시아 태평양 지역 내에 있는 직원들끼리 자유롭게 교류할 수 있도록 마케팅매니저들이 한자리에 모이는 자리를 자주 마련했다. 아시아 태평양 지역이 한 회사처럼 움직이기 위해서는 서로가 잘 알아야 하기 때문이다.

그런 자리에서 장정훈은 "새로운 것을 만들려 하지 말고, 제일 잘하는 팀에서 배우고, 도움을 청하고, 문제를 해결하라!"고 조언한다. 남의 성공 비법을 보고 배우면 더 높은 효과를 낼 수 있다고 생각한 것이다.

　새로운 것을 만들어내려고 무리하지 말고 이미 검증된 성공 모델을 활용하자는 그의 주장은 효율에 무게중심을 두고 있다.

　"우물 안 개구리를 벗어나기 위해선 다른 지역, 다른 나라에서 배우는 것을 두려워할 필요가 없습니다. 조직의 수준과 역량은 지식교류를 통해 높아집니다.

　우리가 다른 팀의 성공을 카피했으면, 다음에는 우리의 성공 노하우를 다른 팀에게 가르쳐주는 방식이죠. 지식의 공유가 사람과 네트워크의 공유, 성공요인의 공유로 확대되는 것입니다."

　장정훈은 성공 사례자가 나타날 때마다, 직원들과 그 성공담을 공유했다. 다행히 성공의 경험을 나누기를 거부하는 경우는 거의 없었다. 대부분의 사람들이 자신의 성공을 누군가와 나눌 수 있다는 사실에 기뻐했다.

　"성공 사례자가 있을 때마다 이야기해서, 성공할 수 있다는 자신감, 최면을 걸었죠."

　자기 최면의 효과는 놀라웠다. 1993년 아시아 태평양 사장직을 맡고, 중국시장 개척에 고전하고 있을 때였다. 중국 자체가 마케팅 경험이 전혀 없는 공산주의 국가였고, 시장을 개척할 마케팅 경험자도 없다는 것이 문제였다. 암담한 상황, 돌아오는 비행기 안에서 장정훈은 엽서에 이렇게 적었다.

"중국은 엄청난 기회의 나라다. 난 성공할 자신이 있다."

성공할 수 있다는 자신감, 스스로에게 최면을 건 것이다. 그의 이 한마디는 복잡한 상황을 단숨에 정리해버린 일종의 선언이었다.

그리고 오래지 않아 그의 말은 현실이 됐다. 중국에 진출한 다국적 기업 가운데 '가장 이익을 많이 낸 기업, 가장 성공한 기업 톱 10'을 뽑았을 때, 씨안 얀센(중국 얀센)이 3년 연속 베스트에 뽑힌 것이다.

당시 장정훈이 본사 회장에게 제안한 전략은 투자를 늘리자는 것이었다.

"지금 이익을 많이 남기는 것은 오히려 미래의 가능성을 놓치는 겁니다. 투자를 해야 더 큰 이익을 낳을 수 있습니다. 마케팅 관련 예산을 50% 이상 올려주십시오. 영업사원도 뽑을 수 있는 만큼 뽑겠습니다."

1994년, 투자를 늘린 첫해에 수익이 나지 않았지만 회장은 믿고 기다려줬다. 그러자 1995년부터는 35%, 50%씩 수익이 증가했다. 매출실적에서 2위와의 격차도 컸다. 아시아 지역의 지식을 한 회사처럼 공유하고 그 성공을 카피함으로써, 마케팅의 불모지였던 중국을 변화시킨 장정훈. 누구도 한 적이 없는 일이어서 그의 성공은 더욱 돋보였다. 그 후 장정훈은 매년 연말 각 지역 현지 사장들을 인터뷰할 때, 그들이 얼마나 많이 다른 나라 법인들을 둘러봤는지, 직원들은 얼마나 많이 해외에 보냈는지를 체크한 후, 두 번 세 번 강조해서 당부했다.

"열고, 믿고, 존경하십시오!"

지식은 공유하고 성공은 카피하라는 뜻이다.

07

한 우물에 집중한 특별한 리더십

— 카길 사료사업부 북아시아 총괄 김기용 사장

"기업을 운영하는 CEO에게 인테그리티는 입에 쓴 약과 같습니다.
지금 당장 입에 넣고 삼키기에는 힘들지만, 일단 몸에 들어가면 약이 됩니다.
인테그리티는 노사분규를 방지해 기업의 손실을 막고,
재고비용, 광고 · 마케팅 비용까지 낮춰줍니다.
그러나 무엇보다 큰 수확은 '좋은 기업 시민'이 될 수 있는 기회를 준다는 것입니다."

솔선수범, 섬김의 리더십을 실천하라

카길코리아 대표이면서 일본, 중국, 카자흐스탄 등 전세계 사료사업의 30%를 차지하고 있는 북아시아를 총괄하고 있는 김기용에게는 아주 특이한 습관이 하나 있다. 승용차에 탈 때마다 습관적으로 안전벨트를 하는 것이다.

사실 자동차에 타면서 안전벨트를 하는 것은 당연한 일. 그것이 특이한 습관으로 보이는 것은 그의 자리가 운전석이나 조수석이 아닌 뒷좌석 오른쪽이라는 데 있다. 안전에 목숨을 거는 사람이 아니고서야 뒷자리에 앉을 때 안전벨트를 매는 사람은 한국에서 그리 많지 않다.

그런데 김기용은 뒷좌석에 앉아서도 안전벨트를 한다. 김기용뿐만 아니라 그의 회사 직원 전체가 뒷좌석에 앉아서도 안전벨트를 한다. 그와 전세계 16만 명의 카길 직원들이 공유하고 있는 최선의 가치가 '철저한 안전' 이기 때문이다.

그렇다면 '철저한 안전' 이란 무엇인가? 안전의 생활화다. 직원들이 출근해서 일을 마치고 사랑하는 가족의 품으로 돌아갈 때까지, 직원 한 사람 한 사람을 안전하게 보호하는 것이 CEO 김기용의 최우선 목표인 것이다. 때문에 그는 안전수칙을 지키지 않는 직원은, 그것이 아무리 사소한 일이라고 할지라도 절대 용납하지 않는다.

얼마 전 그는 중국에서 안전벨트를 매지 않은 운전기사의 해고를 승인했다. 이제 막 도로가 뚫리고 자동차 문화가 시작된 중국에서 안전벨트를 매지 않는 일은 다반사로, 대부분 중국인 운전기사들의 안전의식도 그 정도 수준에 머물렀다. 때문에 해고를 통보받은 운전기사와 그의 동료들은 해고 소식에 처음 한동안은 어리둥절해했다. '그 정도 일로 해고까지 당해야 하나.' 했던 것이다.

그러나 회사의 안전에 대한 확고한 의지와 계속적인 교육 훈련, 그리고 이러한 안전 중심의 경영철학이 하나의 문화로 자리잡아, 이제는 직원들도 회사의 이러한 결정을 이해하며 따르게 되었다.

돌아보면 이 운전기사를 해고한 일은 일벌백계의 효과가 있었다. 직원들의 안전에 대한 인식이 바뀌면서 약 1,600여 명의 직원이 일하고 있는 중국 지역 15개 공장에서 단 한 건의 안전사고도 발생하지 않은 것이다.

김기용은 또 직원들 역시 내부의 '고객' 이라고 생각한다. 그래서 매년 카길 본사를 비롯해 전세계 카길 법인에서는 직원들의 회사 만족도를 알아보는 '종업원 몰입도 조사'를 실시한다. '종업원 몰입도'는 직원들이 회사에 대해 얼마나 많은 애정과 자부심을 가지고 업무를 수행하는지 그 만족도를 평가하는 것으로, '만족'을 넘어 회사에 '몰입'하는 단계에 이르게 하는 것이 목표다. 때문에 현재의 근무환경에서 보수, 미래의 비전, 직장상사와의 관계, 그리고 카길 그룹의 수석 지도부에 대해 얼마나 알고 있는지까지, 120여 개 항목에 걸쳐 꼼꼼하게 점검한다.

「포춘」지 선정 500대 기업의 종업원 몰입도는 평균 82. 김기용이 대표로 있는 카길애그리퓨리나는 평균 92점으로, 카길 그룹 전체 1천여 개 사업장 중에서도 점수가 가장 높다. 그리고 여기에는 김기용의 남다른 리더십이 큰 힘을 발휘했다. 그는 부하직원들과 대화를 할 때도 항상 존칭을 사용하고, 자신의 말과 행동이 일치하는지 스스로 점검한다. 마음으로부터 진정으로 존경하고 사랑하는 것이 섬김의 첫걸음이라고 생각하기 때문이다. 또 부하직원들에게 명령하거나 가르치기보다는 직접 행동으로 보여줌으로써, 스스로 느끼고 깨닫게 하는 '섬김의 리더십'을 실천한다.

2004년 구제역이 발생했을 때의 일이다. 구제역이 보고되자, 다른 경쟁사들은 질병의 확산을 염려해 영업직원들의 농장방문을 금지시켰다. 그러나 김기용은 축산농가들의 생존권이 걸린 일인데 가만히 손을 놓고 있을 수만은 없다며 영업직원들을 총동원시켰다. 소독통을 들고 축산농가로 간 카길의 영업직원들의 초기 방역서비스는 정부가 방역을 준비하고 행동에 옮기는 데 필요한 시간을 벌어주었으며, 구제역의 확산을 막는 데 결정적인 역할을 했다. 멀쩡한 구두가 소독약에 망가지는 줄도 모르고 헌신적으로 봉사를 한 그들의 노력에 감동한 축산농가들은 새 구두를 사서 감사의 마음을 전하기도 했다.

"리더의 말 한마디, 표정 하나가 모든 구성원들에게 영향을 미칩니다. 그런 면에서 한 조직의 리더는 공인입니다. 그러니 솔선수범해야 할 수밖에요."

리더로서, '솔선수범'의 미덕을 보여준 롤 모델은 도처에 있다.

2004년 가을, 본사 경영진과 함께 유럽에서 회의를 마치고 미국 본사로 돌아갈 때였다. 벨기에, 네덜란드를 거쳐 미국으로 가는 비행 코스였는데, 이럴 경우 비행시간이 8시간 이상이면 경영진은 비즈니스 클래스를 타는 것이 카길의 관례였다. 김기용 역시 관례에 따라 비즈니스 클래스를 탔다. 그런데, 본사임원 중 한 사람이 이륙할 시간이 다 됐는데도 보이지 않았다. 모두들 그 사람이 비행기를 놓친 모양이라고 생각했다.

카길 본사가 있는 미네아폴리스 공항에 내려 짐을 찾을 때 그 사람을 만났다. 김기용이 비행기에서는 보이지 않던데 어떻게 된 거냐고 묻자, 그는 "이코노미클래스를 타고 와서 그렇다. 오늘이 금요일이라 내일과 모레는 쉬는데, 굳이 비싼 비즈니스클래스를 탈 필요가 있겠느냐"고 했다.

그 순간 김기용은 '이거다!' 싶었다. 그 사람의 행동은 단순한 절약정신이 아니라 '오너십'이었다. 부하직원들에게 늘 섬김의 리더십과 오너십을 강조했던 김기용이었지만, 그 임원처럼 몸에 밴 솔선수범을 실천하기는 쉽지 않았던 것이다.

'솔선수범'에는 내가 가진 편안함을 포기하는 '용기'가 필요하다. 섬김과 자기희생 정신이 이것을 가능케 하며, 그 바탕에는 상대방에 대한 깊은 존경과 사랑이 자리잡고 있다.

"오늘도 저는 하루를 기도로 시작하며 임직원들의 안전과 회사경영의 지혜를 기원합니다. 그리고 자신을 돌아보며 그동안 오랜 기간 임직원들에게 이야기해왔던 섬김의 리더십이 사업현장과 생활현장에서 지켜지고 발전되어가고 있는지를 스스로 점검합니다. 사장이나 회장으로서의 위치가 힘을 발휘하는 경우가 아니라, 사랑과 헌신적이고 희생적인 섬김을 통한 권위로서 영향력을 발휘하는 경우가, 우리의 비전과 가치를 실현해가는 데 가장 효과적인 길이라는 확신을 가지고 있기 때문입니다."

글로벌 인재를 키워내다

2001년 8월, 세계 최대의 곡물회사 미국 카길과 사료업체 퓨리나

국제사업부가 합병했을 때, 퓨리나코리아 직원들은 당연히 퓨리나가 카길을 합병했을 것이라고 확신했다. 왜냐하면 한국시장에서는 퓨리나가 카길보다 6배나 규모도 크고, 한국에 들어온 역사도 퓨리나는 40여 년, 카길은 20여 년으로 큰 차이가 났기 때문이다.

그러나 상황은 정반대였고, 퓨리나 직원들의 실망감은 이루 말할 수 없었다. 당시 퓨리나코리아 회장 겸 퓨리나 북아시아 총괄 사장을 맡고 있던 김기용은 지속적인 문화 캠페인과 미래 비전 제시를 통해 실의에 빠진 직원들을 독려했다.

"회사가 팔렸다는 소식을 들은 첫날은 앞으로 회사가 가야 할 방향과 개인적인 앞날에 대한 생각으로 하루를 보냈습니다. 그러나 둘째날 바로 우리의 앞날에 대해 긍정적인 면만을 생각하기로 했습니다. 임직원 모두와 대화의 방향을 설정했죠.

경영진의 전면 교체가 상식인 M&A 시장에서 우리가 그동안 가꾸어온 비전과 문화 그리고 브랜드의 경쟁력을 믿었습니다."

얼마 후 놀라운 일이 벌어졌다. 회사를 합병한 카길이 합병당한 퓨리나의 사장 김기용에게 카길코리아의 회장 겸, 카길 동물사료 수석 부사장 겸, 북아시아 지구 총괄 사장직을 맡긴 것이다. 적자생존의 냉혹한 법칙이 작용하는 M&A 세계에서 매우 이례적인 사건이었다.

김기용만이 아니었다. 카길은 퓨리나코리아 출신 직원들 중 18명을 카길차이나 현지사장과 고위직임원으로 임명하고, 필리핀, 인도 현지사장, 베트남 현지임원으로 각각 1명, 그리고 미국 현지임원으로 2명을 임명했다. 그 23명 모두 김기용이 키워낸 한국인 글로벌 인재들이었다.

인재양성은 장기적인 계획하에 이뤄져야 한다고 생각하는 김기용은, IMF 시절 대부분의 기업들이 교육비를 대폭 삭감했을 때에도, 회사 내에 MBA 과정을 개설해 직원들에게 공부할 기회를 마련해주었다. 그렇게 양성된 김기용의 '글로벌 인재들'은 국내뿐 아니라 중국, 인도, 미국 등 해외 축산업계를 리드하는 경영자로 성장했고, 그들 중 상당수는 카길이 아닌 경쟁 회사에서 일하고 있다.

하지만 김기용은 그들을 단순히 배타적인 경쟁자로 보지 않는다. 카길에서 공정한 경쟁의 룰을 배우고 나간 사람들은 결국 한국 축산업의 글로벌 경쟁력을 키우는 원동력이 될 거라고 믿기 때문이다. 같은 이유에서 그는 카길의 기술력을 동원해 경쟁업체 직원들을 교육하기도 한다.

한편 카길 본사가 김기용과 김기용의 사람들을 과감하게 글로벌 경영에 투입시킨 것은, 김기용이 퓨리나아시아 사료사업부를 성공적으로 이끌고 있다는 점 외에도 한 가지 이유가 더 고려됐다. 그것은 바로 해외판 '새마을운동' 때문이다.

중국판 새마을운동의 성공

김기용이 주도한 '중국판 새마을운동'은 중국 정부가 그 성과에 놀랄 만큼 성공적이었다. 중국은 13억 인구 중 60%가 환경이 열악한 농촌에서 살고 있기 때문에, 그만큼 잘살고 싶은 열망도 뜨겁다.

사업 초기의 중국은 빠르게 발전하는 상해, 천진, 청도, 심천, 광주와 같은 21세기형 산업화 도시와 18세기형 농촌이 공존하는 시기였고, 이런 격차는 경제개발이 성공적으로 이루어진 지금까지도 상존한다. 때문에 카길은 농촌개발에 주력하고 있는 중국 정부의 정책 목표에 부합하는 사업모델이 필요했고, 지난 40년 동안 한국에서 축산농민에게 해왔던 성공적인 사업모델을 그대로 옮겨 적용하기로 했다. 일종의 '새마을운동'이었다.

새마을운동 때 농촌을 살리기 위해 바쳤던 열정과 헌신으로, '중국판 새마을운동'을 시작하며, 김기용은 몇 가지 기본 방향을 설정했다.

첫째, 중국의 역사와 문화 그리고 사람 존중하기.

둘째, 큰 꿈, 큰 비전 가지기. 자기 돈으로 투자해 자기 사업을 하듯이 최소한의 투자로 최대한의 결과를 만들면서, 위에서부터 내려주는 비전이 아니라 모든 직원들이 공유하는 꿈이 되게 하자는 것이었다.

셋째, 생산성을 올리고 삶의 질을 향상시키기. 농장의 생산성을 높이고 농민 삶의 질을 높이는 것이 사업의 진정한 목표라는 것을 잊지 말자, 이를 위해 비전과 가치를 공유하는 인재를 기르는 데 최선을 다하자는 것이었다.

'잘사는 농촌'을 구현하기 위한 김기용의 노력은, 존경과 사랑의 마음을 담은 농민교육으로 이어졌다. 생산성 향상에 대한 실증적 접근은, 그 내용과 형식에서 중국 농민들이 일찍이 경험해보지 못한 것이었다. 그러다보니 농민들의 참여도 해마다 늘어나 최근 5년 동안 실시된 농민교육 세미나만 3만 3,225건, 우수농장 견학 855건, 사양전시는 1,323건이나 된다.

교육사업 초기에는 간단한 식사라도 제공해야 참여했던 농민들이 이제는 참가인원을 조절해야 할 정도로 열렬한 관심을 보내고 있는 것도 그 사이 달라진 농촌풍경이다.

특히 축산농가를 직접 견학 체험하면서 농가 주인이 직접 들려주는 성공담을 듣는 '우수농장 일'의 경우 그 효과가 매우 크다. 참석자들은 처음에는 잘 안 믿다가, 자세한 기록 자료와 눈앞에서 먹이를 먹고 있는 건강한 가축과 깨끗한 사육 환경, 주인의 진지한 열정을 대하고 나면 깊은 감명과 함께 강렬한 도전의지를 불태우게 된다.

그렇게 감동받은 농민이 자신의 농장으로 돌아가 우수농장의 성공사례를 적용해 성공을 하면, 또 하나의 '우수농장 일'이 탄생하는 것이다.

무엇보다 큰 발전의 동력은 '잘살아보겠다' 는 의지다.

"현재 중국 농촌은 앞서가는 발전된 농장도 있으나 대부분은 우리나라 30~40년 전 상황과 비슷합니다. 마땅히 교육을 할 장소가 없어서 대개 학교 운동장을 빌려서 하는데, 정말 무한한 감동을 받을 때가 많아요. 3천 명이 넘는 농민들이 비를 맞으면서까지 자리를 뜨지 않거든요. 조금이라도 잘살아보겠다는 열망 하나로 끝까지 버티는 겁니다."

지난 5년 동안 이렇게 거쳐간 중국 농민만 약 160여만 명, 중국판 새마을운동이 거둔 성공을 벤치마킹하기 위해 한국을 찾은 카길 계열사 직원들은 약 350명에 이른다.

다 주면 다 얻는다, '노블 퍼포스' 철학

윤리경영, 사회책임경영으로 대표되는 지속가능경영!

기업의 사회공헌 활동이 유행처럼 번지고 있다. 대기업의 총수들이 고아원이나 양로원을 찾아가 봉사활동을 하는 뉴스도 어렵지 않게 볼 수 있다. 기업의 지속적인 존속과 성장을 위해선 기업이 속한 사회와 함께 동반 성장해야 하는 현실에 직면했기 때문이다.

퓨리나코리아 사장 겸 퓨리나인터내셔널 북아시아 지구 사장이었던 김기용 역시 비영리문화재단인 퓨리나코리아 재단을 만들었다.

특히 문화재단이 설립된 1997년은 퓨리나코리아가 창립한 지 30년이 되는 해로, 문화재단 설립은 '질 좋은 단백질 식품을 가장 값싸게 생산해 국민건강에 이바지하고 농촌발전에 공헌한다' 는 이 회사의 기업 이념과도 부합되는 일이었다. 주요고객인 축산농민의 사랑과 우리 사회의 지원으로 회사가 이만큼 발전해왔으니, 이제 회사가 수익의 일부를 사회에 환원해야 한다고 생각한 것이다. 그러나 문화재단이 설립되기까지는 넘어야 할 산이 많았다.

"1994년부터 기획해 본사를 설득했지만, 본사는 문화재단을 설립하려는 우리의 시도를 긍정적으로 생각하지 않았습니다. 한국 경영자를 사장으로 세웠더니, 아직까지 어떤 사장도 요청하지 않았던 문화재단사업과 새마을금고사업을 요청한다며 껄끄럽게 생각하는 임원들도 있었습니다."

김기용은 서두르지 않았다. 입사 24년 만에 한국인 최초로 퓨리나코리아 사장이 된 그였다. 그는 영업목표량을 초과 달성한 후, 그 초과분을 문화재단에 투자해줄 것을 끈질기게 설득했다.

"기업에는 성장과 이익이라는 1차적 목표 외에도 조직원에게 보람과 자부심을 심어줄 수 있는 '고상한 목표' 가 있어야 한다고 생각합니다. 바로 '좋은 시민' 으로서 기업의 역할입니다. 비영리문화재단은 우리 회사가 '좋은 시민기업' 이 될 수 있는 절호의 기회입니다."

문화재단을 설립하려는 김기용의 노력은, 퓨리나 본사 경영진으로 하여금 '기업의 사회적 책임'에 대해 생각해볼 기회를 제공했다. 3년에 걸친 끈질긴 설득에, 본사는 그의 요구를 들어주지 않을 수 없었다.

물론 처음부터 100%의 반응이 나오지는 않았다. 투자 승인 첫해에 회사는 재단 설립에 필요한 10억 원 중 5억만을 투자했다. 그러나 김기용은 그 50%의 성과에서 희망을 봤고, 다시 목표량을 2년 연속 초과 달성함으로써 재단 설립에 성공한다.

2001년 카길이 퓨리나코리아를 인수했을 때, 카길의 경영진은 퓨리나코리아에 비영리문화재단이 있다는 사실에 크게 고무됐다. 비영리문화재단이 다국적기업 현지법인에 있다는 게 매우 드문 일인데다가, 그 문화재단의 공익사업들이 글로벌기업 카길의 기업이념에도 부합됐기 때문이다.

카길은 CEO 김기용의 '사회적 기여' 부분을 높이 평가해, 퓨리나코리아에 이어 카길코리아에서도 그 같은 전통을 이어가도록 적극 지원했다.

카길코리아는 현재, 카길 그룹 재단 내 봉사단체인 카길케어스 카운슬과 매칭펀드 형식으로 고아원, 양로원 등 복지시설에 기부를 함으로써 사회봉사활동을 하고 있고, 금전적인 후원 외에도 매년 100여 명의 직원들이 일주일 동안 '사랑의 집짓기'에 참여하는 '번개 건축'과 '토요 건축'을 지원하고 있다.

또 매년 축산 및 사료분야의 기술·연구 분야에 큰 공헌을 한 축산, 수의, 사료업계 인사들과 관련 단체를 선정해 '카길 애그리퓨리나 축산사료 연구기술대상' 을 시상하고, 국내외 축산관련 분야에 재학 중인 고등학생과 대학생 중 학업성적이 우수한 인재들을 선발해 장학금도 지급한다.

그러나 김기용이 무엇보다 신경을 쓰고 있는 것은 축산관련 지도자, 교수, 수의사 등으로 구성된 기술자문위원회를 통한 축산기술개발과 축산농가 지원이다.

그는 이미 1970년대부터 낙후된 한국축산을 발전시키기 위해서는 우수한 가축, 합리적 관리, 철저한 방역, 완전한 영양이 밑바탕이 되어야 한다는 생각을 가지고 실천에 옮겼다. 우수한 병아리를 공급받기 위해 사양가들이 몇 달씩 기다리던 시절, 국내 최초로 부화장을 설립해 우수한 병아리를 공급했고, 닭을 키우는 케이지, 양돈용 니쁠 급수기, 모돈 분만틀, 이유 자돈 케이지, 펠렛 자동 급이기 등 선진 사육기술을 국내 최초로 공급했다. 또 뜨물, 밀기울, 음식 찌꺼기인 잔반으로 동물을 키우던 시절에 완전배합 사료를 소개함으로써 축산산업의 기초를 마련했으며, 영양기술, 사양기술, 방역관리기술 등 신기술을 끊임없이 공급해 농장 소득증대에 기여하고 있다.

어려움에 처한 축산농가의 경우, 적극적으로 재기를 돕기도 한다. 2006년 겨울 화재로 농장의 2/3를 잃는 사고를 당한 축산농가의 경우, 현대화된 사양관리 시스템을 접목시켜 1년이라는 짧은 시간에 다시 일어서게 했다.

대부분의 사양가들이 그렇듯 이 농장주도 돼지 세 마리로 시작해 20여 년간 조금씩 조금씩 성장한 케이스로, 자수성가형이라 남의 말보다는 자기 경험을 최우선으로 하는 사람이었다. 그러나 20여 년의 꿈을 잿더미로 만들어버린 화마 앞에서 재기의 엄두도 내지 못하고 있던 그를 다시 일으켜세운 것은 카길의 지원이었다.

카길은 현대적 시설의 돈사 신축과 보다 효율적인 공간활용에 대한 기술지원을 통해 원가절감, 생산성 향상 등 재기의 발판을 마련해주었다.

그리고 이 모든 일의 바탕에는 '노블 퍼포스(Noble Purpose)', 즉 '좋은 시민'으로서 기업의 역할을 강조해온 CEO 김기용의 경영철학이 있다.

'인테그리티', 결과만큼 과정도 중시하라

"우리는 여러분이 먹는 빵의 밀가루, 국수의 밀, 달걀 프라이의 소금이며, 토르티야의 옥수수, 디저트의 초콜릿, 청량음료의 감미료입니다.

우리는 여러분이 먹는 샐러드 드레싱의 올리브유이며 여러분의 저녁 식탁에 오르는 쇠고기, 돼지고기, 닭고기입니다. 우리는 여러분이 입는 옷의 면, 여러분 발밑에 깔린 양탄자의 안감, 여러분이 경작하는 밭에 뿌리는 비료입니다."

카길의 홍보 책자에 나오는 이 말은 부풀려진 게 아니다. 1865년 설립되어 미국 미네소타에 본사를 둔 카길은 아처 대니얼스 미드랜드와 함께 전세계 곡물 시장의 상당 부분을 장악하고 있는 거대 글로벌 기업이다.

세계 최대의 사료회사인 카길 사료사업부와 애그리브랜드 인터내셔널, 미국의 4대 육우회사 중 하나인 엑셀, 닭고기 가공회사 썬벨리, 감미료 회사 체레스타도 모두 카길 소유다. 그 밖에도 카길은 전세계 66개국에 16만여 명의 직원을 두고 종자·제약·바이오 테크놀로지·철강·금융·선물거래 등 다양한 분야에서 사업을 하고 있다.

경제 전문지 「포브스」에 따르면 카길은 2006년에만 752억 달러의 매출을 했는데, 그것은 세계적인 커피체인점인 스타벅스 2006년 매출의 10배에 해당하는 금액이다.

한국에서도 카길의 활약은 누드러진다. 카길코리아는 우리나라 사료시장에서 1위를 고수하고 있는 카길애그리퓨리나, 곡물을 수입 공급하는 카길트레이딩과 그 외 육류, 철강, 옥수수로 만드는 플라스틱 네이처웍스 PLA 사업에 진출해 있다.

카길 본사는 인공위성과 전용 광케이블 시스템으로 전세계 농작물의 작황 등 사업에 필요한 정보를 모은다. 카길의 지역 매니저들은 인공위성 수신기 2대를 지급받는데, 그것은 시카고 선물시장 가격 수신과 카길 본사의 지시사항 수신을 위해 쓰인다.

한마디로 카길은 땅에서 나는 거의 모든 것을 세계시장에 사고팔며, 글로벌 마케팅과 솔루션 제공을 위한 최상의 조건을 갖추고 있다. 때문에 카길은 때로는 거대 자본의 힘으로 원자재를 생산하는 개발도상국의 자원을 이용하여 수익을 취한다는 오해를 받기도 한다.

김기용은 이런 카길의 이미지를 바꾸기 위해 많은 노력을 해왔다. 그는 카길에 인수 합병된 퓨리나코리아 재직 때부터 지금까지 40여 년 가까이 한국의 축산농가들과 함께 동고동락하면서 한미 FTA와 국제곡물 폭등 등으로 나타나는 축산환경 개선을 위해 노력했다. 그 결과, 축산농가들 사이에서 카길코리아의 이미지는 단순한 '수입사료판매상'에서 '공생의 파트너'로 바뀌고 있다.

그런데 최근 옥수수 가격이 1년여 만에 70% 이상 뛰는 등 곡물가격이 일제히 폭등하면서 카길의 이미지에 다시 먹구름이 드리워지고 있다. 사료의 원료인 옥수수를 99% 이상 수입에 의존하고 있는 우리나라는 수입 옥수수 없이는 축산업 자체가 불가능한 상황이고, 이같이 높은 수입 의존율이 축산농가의 위기로 이어지고 있기 때문이다.

그렇다면 옥수수 값이 왜 이렇게 올랐을까? 그 배경에는 전 세계적인 유가폭등이 있다. 유가폭등으로 석유를 대체하는 에탄올산업이 크게 신장하면서 옥수수까지 에탄올 산업으로 유입된 것이다. 문제는 축산농가 생산 비용의 50~70%를 사료, 즉 옥수수 등 곡물이 차지하고 있다는 데 있었다.

김기용은 축산농가의 어려움을 감안해, 직원들에게 축산농가와의 보다 강화된 파트너십을 요구했다. 제품의 원료인 옥수수 가격이 올라 사료값이 비싸지는 것은 자신의 힘으로도 어쩔 수 없는 일이지만, 비싼 사료값을 대체할 방법을 찾는 지혜는 찾을 수 있다고 생각한 것이다.

그가 찾은 해법은, 생산성을 높이는 축산기술의 공급이었다. 똑같은 곡물 1톤을 먹이고 어떤 질의 고기를 얼마나 생산하느냐는 축산농가마다 천차만별. 생산성을 결정짓는 열쇠가 바로 축산기술이다.

돼지의 생산성을 예로 들어보면, 어미돼지 한 마리가 식용 새끼돼지를 1년에 몇 마리나 출하하는지를 보여주는 것이 'MSY지수'. 이 'MSY지수'가 20마리 이하라면, 아무리 열심히 키웠다 해도 경쟁력이 없다. 수입곡물값이 비싸고 돼지고기의 시장가격이 낮기 때문이다. 그런데 우리 농가의 경우 'MSY지수'가 10마리부터 22마리까지 그 폭이 매우 크다. 어미돼지 한 마리의 'MSY지수'를 평균 20 이상으로 끌어올리는 게 김기용과 카길코리아 직원들의 목표다.

'어떻게 하면 고기를 더 생산할까?', '어떻게 하면 생산비를 더 줄일까?' 하는 고민에서 고품질의 사료와 그 사료의 급이 방법, 전산화된 농장관리 프로그램이 축산농가에 공급됐고, '어떻게 하면 축산물의 국제경쟁력을 높일 수 있을까?' 하는 고민에서 다양한 경쟁력 강화 프로그램이 지원되고 있다.

집단 사양가 회의, 'Step by Step School', 대규모 세미나와 같은 지속적인 교육과 훈련, HACCP 인증을 위한 기술지원 및 지도, 지역별 수의과 대학과 연계한 수의질병 서비스, 농장 자가원료의 영양소 분석 지원, 수질검사 지원, 초음파를 이용한 육질진단 및 출하상담 서비스, 임신진단 서비스, 고급육 생산을 위한 거세 서비스 및 거세 우전용 프로그램 개발, 지속적인 성장률점검 서비스, 농장 및 주변 방역 서비스, 농장경영 개념의 도입을 위한 컴퓨터 프로그램 개발 및 배포, 사업성 분석 및 현금유동성 분석 서비스, 집단농장 환경점검 시스템, 농장 리모델링 서비스 등과 같은 사양관리 지원이 바로 그것이다.

축산농가의 생산성을 높이고 수익을 끌어올려 사료값 폭등의 위기를 슬기롭게 극복하도록 돕는 것, 이것이 바로 김기용이 모든 직원에게 강조하는 첫 번째 덕목인 인테그리티(integrity), 결과만큼 과정도 중시하는 '정직하고 성실한 자세' 다.

고객과의 약속을 정직하고 성실하게 지키는 것을 목표로 하는 김기용의 인테그리티가 위기의 한국 축산업계에 희망의 불씨를 만들고, 얼어붙은 축산농가의 마음을 뜨겁게 녹이고 있는 것이다.

"기업을 운영하는 CEO에게 인테그리티는 입에 쓴 약과 같습니다. 지금 당장 입에 넣고 삼키기에는 힘들지만, 일단 몸에 들어가면 약이 됩니다. 인테그리티는 노사분규를 방지해 기업의 손실을 막고, 재고비용, 광고·마케팅 비용까지 낮춰줍니다. 그러나 무엇보다 큰 수확은 '좋은 기업 시민' 이 될 수 있는 기회를 준다는 것입니다."

08

백만 불짜리 열정의 도전과 승리

— GE 헬스케어 아시아 성장시장 총괄 이채욱 사장

"누구에게나 1%의 기회는 옵니다.
세상의 모든 변화는 꿈꿀 때 일어나고,
성공은 그 꿈을 포기하지 않을 때 일어납니다."

| **주요이력** |

1946년 경북 상주 출생
1971년 영남대학교 법학과
1972년 삼성그룹 입사(삼성물산), 해외 사업본부장
1975년 성균관대학원 국제무역
1989년 삼성GE 의료기기 대표이사
1993년 고려대학교 국제대학원 최고경영자과정
1996년 GE 메디컬 사업부문 동남아 태평양지역 사장
1998년 GE 초음파 사업부문 아시아 지역 사장
2002년 GE 코리아 사장 겸 CEO
2003년 서울대학교 대학원 최고경영자과정
2005년 GE 코리아 회장 겸 CEO
        포스코 청암재단 이사
        다국적기업 CEO 협의회(KCMC) 회장
2007년 GE 헬스케어 아시아 성장시장 총괄 사장

| **주요저서** |

『백만불짜리 열정』(랜덤하우스)

| **수상** |

한국의 경영자상(한국능률협회, 2006년)
고려대 국제경영인상(2007년)
자랑스런 영대인상(2007년)

나의 이름은 '도전하고 승리하는 자'

세계 최대의 글로벌 기업 중 하나인 GE 사람들은 이채욱을 'CW Lee' 라고 부른다. 이채욱도 자신을 소개할 때, "Challenge and Win 이라고 할 때의 CW"라고 말할 정도다. 말하자면 이채욱은 도전하고 승리하는 사람인 것이다. 부르는 사람도 듣는 사람도 정말 기분 좋아지는 이름이다. 아마도 이채욱이 이런 기분 좋은 이름을 갖게 된 사연은 심상치 않을 것이다.

서울올림픽 직후인 1988년 겨울, 삼성물산 해외사업본부장으로 일하고 있을 때였다. 송년회를 마치고 사무실로 돌아오자, 이필곤 사장로부터 전화가 왔다. 회장실에서 삼성-GE 합작회사로 승진 발령을 낸다는 것이다.

승진 발령이었지만 기쁨보다는 걱정이 앞섰다. 최고의 회사라는 자부심을 가지고 일해온 회사를 떠나 생소한 의료기기 생산업체로 가야 하는 일이라 마음이 내키지 않았던 것이다. 게다가 그 회사는 설립 6년 만에 자본금이 절반 이상 잠식되고, 공장 가동률이 27%로 떨어진 상태였다. 본사는 문 닫기 직전의 이 합작회사에 비전이 보이지 않으면 조기에 정리할 각오까지 하고 있었다.

본사의 의지가 확고했기 때문에 이채욱에게 다른 선택의 여지는 없었다. 그는 공장으로 내려가 현장상황을 점검하기 시작했다. 경영 분석결과는 예상대로 엉망이었다.

그렇다면 여기서 'GO!' 할 것인가, 'STOP!' 할 것인가? 그가 어떤 결정을 내리느냐에 따라 회사와 직원들의 운명도 'GO' 아니면 'STOP' 이었다. 한마디 한마디에 신중을 기하지 않을 수 없는 상황……, 'Go' 하더라도 본인을 포함한 전 직원이 문 닫기 일보 직전인 회사에서 어떻게 하면 열정적으로 재도전할 수 있는 신바람을 이끌어내느냐가 중요한 문제였다

이채욱은 백지와 펜을 꺼내들었다. 그리고 '백지와의 대화' 를 시도했다. '백지와의 대화' 는 그가 새로운 문제에 봉착할 때마다 활용하는 방법이었다.

"정말 최악일까? 백지를 놓고 좋은 점을 쭉 나열했습니다. 나열하다보면 수없이 좋은 점이 나오거든요. 그걸 보고 또 보고 그러다보면 정말 그 일을 사랑하게 됩니다. 사랑하다보면 거기서 열정이 나오고, 그 다음에 정성이 나오고, 긍정적인 생각이 나오고, 그 일에 대

한 신뢰와 확신이 생기고, 좋은 결과가 나오고, '나는 정말 행운아'라는 생각이 들어서 신나게 일할 수 있는 선순환 구조가 생기는 거죠. 합작공장의 경우에도 그랬습니다."

이채욱이 백지와의 대화를 통해 찾은 이 회사의 장점은 크게 네 가지였다.

첫째, GE라는 파트너가 세계적인 기업이었고, 제품이 최첨단 의료기기였다. 이채욱 입장에서는 그 전에도 그 후로도 쉽게 인연을 맺을 수 있는 제품이 아니었다.

둘째, 당시 삼성 GE 의료기기는 영업, 기술 서비스, 마케팅, 관리뿐만 아니라 연구, 개발, 생산에 이르기까지 전체적인 공정이 모두 완비되어 있는 상태였다.

셋째, 상대할 고객이 최소한 박사급들이었다. 클라이언트 대부분이 닥터(박사)로 이 일이 아니라면 한꺼번에 그 많은 '박사'들을 만날 수 있는 기회를 어찌 얻겠는가.

넷째, 제품 자체의 가격이, TV나 냉장고 같은 저가 소비재와는 비교가 되지 않는, 한 대당 몇 억 원에서 몇 십억 원에 이르는 고가품이었다.

이채욱이 내린 최종 결론은 'GO!' 첨단 의료기산업이야말로 당시에는 양복지나 설탕, 조미료 등 소비제품을 생산하는 회사로 알려진 삼성이 보다 영향력 있는 기업으로 성장하는 데 반드시 필요한 미래산업이라고 판단한 것이다.

실제로 세계의료기 시장에 참여하고 있는 기업들은 GE를 비롯해 지멘스, 필립스, 도시바 등 하나같이 세계 초일류기업. 영상진단기기 분야에선 이 4개 업체 점유율이 80% 이상이었다.

회사를 '살리기'로 마음먹은 이채욱은 누적적자의 원인을 두고 첨예하게 대립하고 있는 삼성과 GE를 화해시키는 데 팔다리를 걷어붙였다. 합작 실패의 원인을 찾고, 그 해법을 제시한 것이다. 그가 찾은 합작 실패의 원인은 '빗나간 전략'이었다.

당시 GE에서는 R&F 등 첨단 고가 소량 제품을 생산하고 있었는데, 이채욱은 소품종 고가 제품보다는 한국 및 합작선인 삼성의 기술력이 강한 모니터 등 초음파 제품을 개발하는 것이 적합하다는 결론을 내렸다.

게다가 최첨단 의료기기를 개발하기에는 삼성의 역량이 다소 부족했다. 예를 들면 당시 MRI 개발 장비가 무려 4억 달러, 요즘 돈으로 환산하면 10억 달러나 되는데 수요가 한정적인 의료기기를 생산하기 위해 그런 거액을 투자한다는 건 무모한 도박이었기 때문이다.

이채욱은 'GE가 삼성과 합작을 한 것은 삼성의 제조 능력을 믿었기 때문이고, 삼성이 GE와 손잡은 것은 첨단기술에 대한 미래 투자 때문이 아니었냐'고 양쪽을 설득하기 시작했다.

그런 다음, 삼성에는 미래산업인 의료기기야말로 삼성이 보다 존경받는 기업으로 거듭날 수 있는 절호의 기회이며, GE에는 대량생산이 가능한 제품을 택하면 한국이야말로 GE의 글로벌 전략에 결정적인 역할을 할 수 있는 나라라고 설득했다. 삼성과 GE는 이채욱의 뜨거운 열정에 감동해 '공장을 한번 살려보자' 고 의견을 모았다.

이후 이채욱은 8년 동안 이 합작회사의 사장으로 근무하며, 고부가가치, 대량생산이 가능한 의료기기들을 자체 개발함으로써 고속 성장의 기반을 마련했다.

그 중에서도 5년 연속 평균 46% 이상의 매출 성장을 자랑하던 '초음파진단기기' 는 수출 효자품목이 되어, 외환위기 때에도 구조조정의 칼바람을 피할 수 있게 했다. 'CW' 라는 그의 애칭도 이 무렵에 붙여진 것이다.

GE의 아시아 총괄 사장이었던 고란 맘이 이채욱의 이니셜 CW를 'Challenge and Win' 으로 풀이해서 지어준 이 애칭은, 세계 굴지의 글로벌 기업 GE의 도전과 용기, 그리고 희망의 증거가 되었다.

활기차고 강한 조직을 만들다

5년 연속 50% 가까운 성장률!
삼성보다 10%나 높은 급여!
국내 최고 수준의 후생복리!
삼성-GE 합작회사가 거둔 이 같은 놀라운 성과는 그의 과감한 결단력에 힘입었다. 직원의 60% 이상을 구조조정한 것이다.

회사 문을 나가자마자 생계가 막막해질지도 모를 직원들을 걸러내야 하는 이채욱의 마음도 편하지 않았다. 하지만 당시 가동률이 27%를 밑도는 공장이 살 길은 그 방법 하나뿐이었다.

"침몰하고 있는 함선에 탄 사람들의 수는 100인데, 그 중에 60명의 무게를 줄여야 나머지 사람들이라도 살아서 육지에 도달할 수 있다면?"

경영자 입장에서 가장 마음이 아픈 게 사람을 내보내는 일이다. 하지만 당시 이채욱은 40명의 생명을 살려낼 사명을 완수해야 하는 선장과도 같았다. 상황이 이렇다보니, 이채욱은 냉정해지지 않을 수 없었다.

'선장이 냉정해야만 한 사람이라도 더 살릴 수 있다.'

그의 입장에서 구조조정은 60명의 일자리를 없애는 게 아니라, 40명의 일자리를 마련해주기 위한 고육책이었다.

특히 이 과정에서 합작 파트너인 삼성과의 협상을 통해서 구조조정 대상자 전원을 삼성계열사에서 100% 인수해주도록 도와주었던 현 김순택 삼성전관 사장에 대한 고마움을 그는 20여 년이 지난 지금까지도 늘 잊지 못하고 있다

구조조정의 후유증도 만만치 않았다. 무엇보다 큰 문제는 직원들의 떨어진 사기와 분열된 마음이었다. 이채욱은 구조조정의 충격을 '단결' 과 '화합' 으로 극복하려 노력했다. 핵심역량에 적합한 새로

운 제품을 발굴하고, 그것에 맞는 비전을 만들고, 직원들의 열정과 도전정신을 이끌어내고, 지식경영에 전원을 참여하게 했으며, 결과에 대한 보상을 분명하게 했다.

이렇게 뼈를 깎는 마음으로 개혁을 진행시킨 결과, 만년적자 회사가 흑자회사로, 가동률 27%의 회사가 가동률 97%의 회사로 거듭났다.

1996년, 동남아·태평양 본부 파견직 사장으로 임명되었을 때의 일이다. 13개국을 관리하는 동남아·태평양 본부는 다양한 인종과 언어, 업무가 집합해 있는 조직으로 무한한 성장 가능성을 갖추고 있었다.

조직확대를 성장전략으로 내건 이채욱은, 인력을 재정비하고 우수인재를 채용했다. 승진기회가 많아진 만큼 직원들도 신바람이 났고, GE라는 이름 덕분에 우수한 인재들이 구름처럼 몰려들었다. 그 결과, 부임한 지 채 1년이 되기도 전에 커다란 성과를 내기 시작했고, GE 본사에서도 한국에서와 같은 기적을 기대했다.

그런데 1997년 외환위기가 시작됐다. 외환위기가 태국에 이어 말레이시아, 인도네시아, 호주, 뉴질랜드, 싱가포르까지 강타하면서, GE도 성장위주의 전략에서 180도 선회해 몸집 줄이기에 나서야 했다. 다시 '내 손으로 채용한 사람을 내 손으로 내보내야 하는 상황'이었다. 이채욱은 입술을 깨물며 1단계, 2단계, 3단계 재편계획을 세웠고 각국을 순회하며 구조조정에 들어갔다.

그가 사무실에 나타나면 직원들은 불안한 얼굴로 수군거렸다. 현지 말이라 알아듣지는 못해도 분위기는 느낄 수 있었다. 나중에 물어보니 "CW가 또 왔다. 이번엔 몇 명일까……"라는 뜻이었다.

이렇듯 고통스런 구조조정을 어렵게 마무리했지만 동남아·태평양 본부는 그 후, GE가 연말마다 실시하는 직원들의 근무 만족도 조사에서 아시아 최고 수준인 76%로 표창을 받을 만큼 강하고 효율적인 조직으로 다시 태어났다.

좋은 장수는 시운을 탓하지 않고 좋은 목수는 연장을 탓하지 않는 법, 이채욱이 구조조정을 성공적으로 마친 데는 몇 가지 이유가 있었다.

첫째는 투명성이다. 회사가 처한 어려움을 전 직원에게 알리고, 난국을 타개하기 위한 최선책이 구조조정이라는 것을 진술하게 설명해 공감과 동의를 얻어냈다.

"사람들은 힘든 것은 감수하지만 공정하지 못하면 감수하지 않습니다. 그래서 저는 모든 기업활동의 근본은 투명경영, 윤리경영에 있다고 생각합니다. 아무리 성과가 커도 이 두 가지가 바탕이 되지 않으면 모든 것이 하루아침에 무너집니다. 야구식으로 말하면 '노 세컨드 찬스', 원 스트라이크 아웃입니다."

둘째, 구조조정 대상자들의 명예를 존중했다. 그들을 한 명씩 불러 '당신이 무능해서가 아니라 자리를 줄일 수밖에 없는 불가피한 상황 때문' 이라는 점을 간곡히 설득했다. 또한 대상자 선별을 최대한 공정하게 했다.

셋째, 구조조정 대상자의 전직을 적극 알선하고 그들에 대한 배려와 투자를 아끼지 않았다.

넷째, 그들과의 인간적인 관계를 존중했고, 회사가 정상화되면 꼭 다시 부르겠다고 분명하게 약속했다.

구조조정을 끝내고 귀국을 결심하고 있을 즈음, GE에서 새로운 제안을 해왔다. 파견 형태가 아니라 아예 GE에 몸을 담으라는 제안이었다. 고심 끝에 26년간 일해온 삼성을 떠나기로 했다.

1998년 말부터 새로 맡은 자리는 GE 초음파 의료기기의 아시아 총괄사장이라는 중책이었다. 고객에 대해 직접 서비스를 제공하는 판매·유통·광고 등의 다운스트림(downstream) 인력이 420여 명, 시장조사·디자인·연구개발 등의 업스트림(upstream) 인력도 390여 명이나 되는 큰 조직이었다.

이곳에서 그가 4년 연속 연평균 30% 이상의 고성장을 이룩한 것은 신바람나는 조직문화를 만들었기 때문이다. 이채욱은 'I Love U/S(Ultrasound·초음파), Catch the Wave, Win Every Order.' 등의 슬로건을 내걸어 조직을 활기차고 강하게 만들었다.

분기마다 미국 본사에서는 제프 이멜트 회장(당시는 GE메디컬시스템스 사장)이 주재하는 회의가 열렸다. 이 회의에서는 지역별 평가가 이뤄지는데, 3개 지역본부 중 이채욱이 책임지고 있는 아시아본부가 가장 높은 성장을 한 것으로 평가됐다.

제프 이멜트는 그런 성과를 이끌어낸 이채욱에게 강력한 지지를 보내주었고, 자신이 GE 회장에 취임하자 이채욱을 GE코리아 사장으로 발탁, 30억 달러가 넘는 규모의 비즈니스를 맡겼다.

누구에게나 1%의 행운은 있다

성장배경만을 놓고 보면, 이채욱은 불운한 편이었다. 그의 고향은 경북 상주, 하루종일 땡볕 아래서 일해도 한 끼 밥을 걱정해야 하는 가난한 '깡촌' 이었다.

"그때 당시, 방학 때마다 똥지게를 짊어지고 나르는 게 제 일이었습니다. 균형을 잡지 않으면 똥물이 튀기 때문에 정말 힘든 일이었죠. 하지만 똥지게를 푸고 나면 어찌나 밥맛이 좋았던지……."

어려운 집안 형편에 줄줄이 딸린 동생들까지 많았던 그는, 중학교를 졸업한 후 곧바로 철공소에서 취직할 생각이었다. 그렇게 해야 군입 하나라도 덜 것 같았기 때문이다. 그러나 그렇게 하기에는 그의 성적이 너무 우수했다. 3년간 학비가 면제되는 장학생으로 선발되어 고등학교에 진학할 수 있게 된 것이다.

하지만 장학금의 행운은 오래 가지 않았다. 1학년을 마친 뒤 장학생 제도가 중단된 것이다. 학비가 없어 공부를 계속할 수 없게 된 이채욱은 갈등했다.

‘이대로 공부를 중단할 것인가? 아니면 다른 방법을 찾을 것인가?’

그의 선택은 ‘이대로 공부를 포기했다가는 죽도 밥도 안 된다’ 는 것이었다. 이채욱은 병원장 집의 입주가정교사로 들어가 돈을 벌기 시작했고, 그 돈으로 고등학교를 겨우 마칠 수 있었다. 이때 그의 꿈은 빨리 학교를 마치고 군청의 5급 공무원(지금의 9급)이 되는 것이었다.

그러나 고등학교를 졸업한 그는 공무원이 아닌 대학생이 되었다. 4년 전액 장학생으로 뽑혀 영남대학교 법대에 진학한 것이다. 학비는 전액 장학금으로 해결했지만, 그는 여전히 청년가장 노릇을 해야 하는 처지였다. 마음놓고 공부에 매진할 처지가 못 되었던 이채욱은 1968년 돈을 벌어 편하게 공부해보겠다는 생각 하나로 베트남전쟁에 자원 입대한다.

베트남에서 돌아와 제대할 무렵, 그는 요즘 돈으로 1천만 원가량을 손에 쥐고 있었다. ‘목숨을 걸고’ 벌어온 학비였다. 하지만 집안 형편은 좀처럼 나아질 줄 몰랐고, 그는 대학을 마치기 위해 다시 가정교사 생활을 해야 했다.

대학졸업 후, 이채욱은 전국 수출1위업체였던 동명목재와 삼성물산을 놓고 고민하다가 ‘이왕이면 큰 무대에서 일해보자’ 는 마음으로 삼성물산을 택했다. 하지만 뭐든 쉽게 얻어본 적이 없는 그였다.

“서울로 면접 보러 오는 데 기차로 14시간 이상이나 걸렸습니다.

서울에 새벽 6시에 도착하니까 따로 할 일이 없더라고요. 그래서 면접 보러 갈 시간 될 때까지 서울역, 시청 주변을 어슬렁거렸습니다. 당시 한 면접관이 제 눈이 빨갛다면서, 술 먹고 면접 왔느냐 호통을 칠 땐 정말 억울했습니다. 그분은 제가 밤새 뜬눈으로 기차를 타고 왔다는 걸 모른 거죠."

우여곡절 끝에 삼성물산에 입사는 했지만, 청년 이채욱에게 가난의 짐은 여전히 크고 무거웠다. 단칸방살이 처지에 3년 터울의 동생들 여섯 명까지 뒷바라지해야 하는 상황, 신입사원 한 사람의 월급으로는 도저히 감당하기 힘든 일이었다.

그는 가족회의를 소집해 이 문제를 논의했고, 둘째동생이 자신을 대학에 보내주면 다른 동생을 자신이 돌보겠다고 제안하면서, 나머지 형제들까지 무사히 학교 교육을 마칠 수 있게 됐다.

"삼성물산 입사 초기, 부친이 돌아가시면서 동생들 공부를 부탁하셔서, 항상 마음속에 남아 있었죠. 그런데 내가 둘째동생을 대학공부시켜주면, 둘째동생이 셋째를, 셋째가 넷째를 돕는 식으로 하니까, 서로 부담이 줄어들어 수월하게 문제를 해결할 수 있었습니다."

동생들과 지혜를 모아 청년가장의 짐은 어느 정도 덜어냈다지만, 종합상사의 샐러리맨 생활 역시 수월치는 않았다. 삼성물산에서 한강 이남 지역 대학 출신자는 이채욱을 포함해 딱 두 명뿐, 쟁쟁한 학벌을 자랑하는 인재들 사이에서 지방대 출신인 그가 살아남기란 생각만큼 쉬운 일이 아니었다. 하지만 이채욱은 자신에게 주어진 상황을 전화위복의 '기회' 로 삼았다.

입사 초기, 어학공부 때문에 이사까지 했던 그는 선후배 그 누구도 주목하지 않는 사이 조용히 실력을 키워나갔고, 그렇게 키운 실력을 당당하게 입증해 보임으로써 진정한 승자로 평가받았다. 그것은 엄청난 인내와 노력을 요구하는 일이었다.

삼성물산 과장시절에도 그랬다. 당시 고철선박들을 수입해서 해체해 파는 일을 담당했었는데, 갑자기 태풍이 들이닥쳐 배가 모두 가라앉는 바람에 회사가 입은 손실이 수십억 원에 달했다. 책상서랍 속에 사표를 넣어두고 고민하던 그는, 자신이 그르친 일은 자신이 마무리하고 그만두겠다는 심정으로 부산에 내려갔고, 낮과 밤을 잊은 인양작업으로 자신의 실수를 만회했다.

"남들은 이 바다를 보면서 멋있다고 하겠지만, 그 바다 속에 가라앉은 고철선박을 바라보는 저는 피눈물이 났습니다. 같은 실수를 절대 잊지 말자는 생각에 '감천고해' 라는 말을 평생 가슴속에 묻어놓고 삽니다."

누구에게나 1%의 행운은 있다. 세상에서 가장 불운한 사람이라고 해도, 운명을 바꿀 수 있는 1%의 기회는 있다. 그러나 그 행운을 '기회' 로 만드는 건 아무나 할 수 있는 일이 아니다. 특유의 성실함과 인내심으로 1%의 행운을 100%의 기회로 만든 이채욱이 바로 그 특별한 기적의 주인공이다.

상대의 심장에 말을 걸어라

이채욱은 특별한 약속이 없으면 직원들과 함께 점심을 먹는다. 한 솥밥을 먹는 직원들과 격의 없는 대화를 나누기 위해서다. 직원들의 관심사, 직원들의 고민, 직원들의 신상문제를 일일이 꿰고 있어야 하는 사람이 바로 CEO라고 생각하는 이채욱. 그는 '내가 마음을 여는 만큼 상대도 마음을 보여준다'고 믿는 오픈 마인드의 소유자다. 그래서일까, 처음엔 '사장님'과의 점심식사를 불편해하던 직원들도 이제는 그 앞에서도 곧잘 수다를 떤다.

"리더는 항상 비전을 제시하고 한발 앞선 방향을 제시해야 합니다. 하지만 언제나 주도적이어서는 안 되지요. 지나치게 근엄해도 안 됩니다. 때로는 상대와 눈높이를 맞추고 공감하고 기다려줘야 합니다. 그렇게 했을 때 상대의 마음을 열 수 있고, 마음을 열어야 그들을 움직일 수 있습니다."

10년 동안 근무하던 태평양 본부 사장직에서 물러나던 날에 있었던 일이다. 이 환송회에서 이채욱은 세상에서 가장 감동적인 선물을 받았다. 환송회장이 눈물바다로 변했다. 바로, 직원들의 마음이었다.

누구는 자기의 얘기를 들어줘서 고마웠다고 했고, 누구는 수술한 아이의 안부를 물어줘서 고마웠다고 했으며, 누구는 집안행사에 와줘서 고마웠다고 했고, 누구는 이름을 기억해줘서 고마웠다고 했다.

직원들은 그들이 받은 급여나 보너스보다 그들을 감동시켰던 이채욱의 말과 태도를 더 고마워했다. 자신의 심장에 말을 걸어온, 너무나 '인간적인' 그와 헤어지는 걸 더 아쉬워했다.

이처럼 이채욱에게는 사람의 마음을 쥐락펴락하는 재주가 있다. 때문에, '어떻게 하면 직원들을 웃겼다 울렸다 할 수 있습니까?' 물어오는 사람들도 있다. 그러면 그는 이렇게 대답한다.

"상대를 웃기려고도 울리려고도 하지 마세요. 그냥 그들과 함께 웃어주고 울어주면 됩니다. 상대가 내게 친근하게 다가오기를 원한다면 내가 먼저 친근한 마음을 가지고 준비해야 해요. 그러면 자연스럽게 내 주위에 다가오는 사람들이 많아지거든요."

실제로 그는 인사를 할 때 다른 사람들보다 한두 마디 더 가볍게 건넨다. 인사를 하자마자 눈을 피하고 가던 길을 가는 것보다는, 여유 있게 '좋은 아침' 하면서 상대의 옷차림을 칭찬한다든가, 상대에 대한 기억을 살려 관심을 표현해주면 상대가 느끼는 친밀감은 배가 되기 마련이다.

"말의 속도와 소리를 조절하는 것도 좋은 방법입니다. 많은 CEO들은 말소리가 우렁차고 딱딱 끊어지면서 단호합니다. 하지만 그런 말투로는 친밀감을 표현하는 데 한계가 있습니다. 서로 공통점이 될 만한 '꺼리'를 찾아 분위기를 부드럽게 만들어가는 게 필요합니다.

예를 들면 이런 거죠. 상대방이 맘에 드는 타이를 하고 왔을 때, '내가 좋아하는 스타일인데' 라든가 '내가 찾던 스타일인데' 하는 식으로 한마디 쳐주거나, 상대방과 동작이나 자세를 일치시키는 겁니다. 자세가 같으면 심리적으로 더 편안하고 친밀감을 느끼게 되거든요. 물론 이때 상대가 바로 알아차리지 않도록 주의해야죠. 상대가 자세를 바꿀 때 바로 자세를 바꿔버리면 자신을 따라하는 행동에 불쾌할 수 있습니다."

이채욱이 생각하는 가장 나쁜 화법은 묵묵히 듣고 있다가 알았다고 하는 것이다. 중간중간 피드백을 해주고 마지막에는 명확하게 말해주는 것, 조금 냉정하게 들릴지라도 상대가 과도하게 기대하지 않도록 말하는 것, 그러면서도 최선을 다해 듣고 있다는 것, 진지하게 함께 고민한다는 것을 보여주는 것이 상대의 심장에 말을 거는 CEO, 이채욱의 화법이다.

09

세상을 디자인하는 최고의 모험가

— 인천국제공항공사 이재희 사장

"세상에서 위대한 것치고 열정 없이 이루어진 것은 없습니다.
어떤 상황에서든, 할 수 없는 백 가지 일보다
할 수 있는 한 가지 일에 집중해야 합니다.
그래야 비로소 길이 보입니다."

| 주요이력 |

1947년 부산 출생

1964년 부산고등학교 졸업

1969년 부산대학교 상과대학 졸업

1971년 프라이스워터하우스 컨설턴트

1978년 하얏트리젠시 서울 관리이사, 총괄상무이사

1984년 TNT Express Worldwide 한국지사, 극동담당, 북아시아지역 사장

1999년 유니레버코리아 대표이사 회장

2003년~ 2005.10 대통령자문 동북아시대위원회 물류중심위원회 위원장

2003년~ 2005.10 대통령자문 동북아시대위원회 물류정책추진기획단 단장

2006년~ 대통령자문 정책기획위원회 위원

2004년~ 2005년 대통령자문 동북아시대위원회 부산-진해 특별위원회 위원장

2004년~ 2005년 한국외국기업협회 회장

2005년 대통령자문 국민경제자문회의 위원

2005년~ 인천국제공항공사 사장

2006년~ 국제공항협의회(ACI) 아·태지역총회 부회장

| 주요저서 |

『이재희의 WILL』(랜덤하우스코리아)

내가 원하는 세상은 내가 만든다

제1기 공인회계사 출신인 이재희는 세계적 컨설팅기업인 프라이스워터하우스의 컨설턴트로 사회생활을 시작, 만 31세에 하얏트리젠시호텔 서울 임원을 거쳐 유럽계 물류기업인 TNT익스프레스의 한국지사장, 북아시아 지역 사장 등을 지냈다. 다국적 기업의 CEO로 일했던 이 20여 년 동안 그는 '아시아 해결사'로 통했다.

다국적 기업들은 각 지역에 문제가 있을 경우 본사 전문가를 보내서 해결하곤 했는데, 아시아의 경우 본사 전문가가 와도 문제가 쉽게 해결되지 않았다. 본사 전문가 여러 사람이 해결하지 못한 일을 이재희가 혼자 쉽게 처리한 것을 두고 '아시아 해결사'라는 별명을 붙여준 것이다.

서양인들이 제대로 해내지 못한 일을 그가 성공시킬 수 있었던 가장 큰 이유는, 서양인은 아무리 노력해도 얻을 수 없는, 아시아인의 가치를 공유하고 있었기 때문이다. 서양인과 경쟁하기 위해서는 논리적인 서양인이 잘하는 것을 따라 하기보다는, 정서적이고 감정적인 측면이 강한 아시아인의 장점을 살려 그들과 철저하게 차별화시키는 것이 중요하다는 사실을 간파한 것이다.

때문에 아시아 지역에서 소위 '수선' 해야 할 나라가 있으면 해결사로 이재희를 보냈다. TNT익스프레스 시절 그가 파견되었던 인도네시아, 말레이시아, 태국, 베트남, 중국은 서양인의 잣대로 경영을 시도하다 실패한 경우였다. TNT 본사에서는 아시아의 문제지역은 그곳이 어디든 완벽하게 해결하는 그에게 'JH 팩토리' (재희 공장)라는 닉네임을 붙여주었다.

1999년 외환 위기로 한국 철수를 고려 중이던 유니레버코리아 회장에 취임할 때에도 그랬다. 그는 본사 CEO에게 직접 회사경영을 맡겨달라고 제안할 만큼 도전적인 면모를 보여주었고, 3년간 연평균 55% 성장을 달성함으로써 글로벌 CEO로서의 위기관리능력을 뚜렷하게 보여주었다.

돌파구가 되어준 것은 '도브샴푸 사건'. 그가 도브샴푸를 생산하자고 했을 때, 유니레버 본사 경영진은 강력하게 반발했다. 브랜드 보호를 위해 '도브는 머리 위의 제품은 생산하지 않는다' 는 것이 유니레버의 불문율이었기 때문이다.

그러나 이재희는 그들의 반대에 굴하지 않고 자신의 선택이 옳았음을 입증해 보였다. 100% 순수 국내기술로 연구 개발된 도브샴푸가 대대적인 광고 효과에 힘입어 제품 출시 1년 만에 시장점유율 1위, 매출액 300억을 기록한 것이다. 오래지 않아 그의 계획에 반대했던 본사 중역들까지도 그의 손을 들어주었다. 도브샴푸가 전 세계적으로 1조 원 이상의 매출액을 올리는 주력 상품으로 부상했기 때문이다.

"잘나가는 회사는 저 같은 CEO를 불러들일 이유가 없습니다. 저를 찾는 회사는 늘 위기에 처해 있는 회사들이었는데, 그럴 때마다 새로운 각오가 나오고 가슴이 설레곤 합니다. 위기는 꿈의 시작이기 때문입니다."

'위기돌파형 CEO'라고 불리는 이재희에게 경영은 '도전'이다. 하얏트호텔에서는 그때까지만 해도 낯설었던 '초고가 전략'으로 정체된 분위기를 일신했고, 유니레버코리아를 맡았을 땐 IMF의 위기 속에서도 사업을 오히려 확장하는 대담성을 보여주었다. 대부분의 유니레버 직원들이 구조조정을 어쩔 수 없는 '대세'로 받아들이고 있을 때, 회장인 그의 선택은 '3년 안에 회사를 3배로 키워 300억의 이익을 내자. 그러면 사람을 더 뽑을 수 있다'는 이른바 '프로젝트 333'이었다.

"통상적으로 경영이 어려운 회사를 맡게 되면 구조조정을 염두에 두는 경우가 많습니다. 그런데 유니레버를 맡을 즈음에는 IMF가 막 시작되는 시점이어서 구조조정에 대한 불안감으로 온 나라가 우울 모드였어요. 개인적으로는 집사람이 제발 사람 자르는 건 그만하라고 매일 기도를 드리고 해서 마음이 많이 쓰였죠. 그래서 직원을 자르지 않고 위기를 극복할 수 있는 접근법을 찾았던 겁니다.

흔히 이런 결정은 고심 끝에 대단히 전략적으로 접근한 것이라고 생각하기 쉬운데, 사실은 취임 이틀 만에 발표한 거예요. 저는 위기 상황에서 뭔가 해법을 찾아야 할 때, 30분 안에 그 답을 못 찾아내면 3년이 가도 해답을 찾을 수 없다고 생각하거든요."

프로젝트333은 임진왜란 당시 12척의 배로 333척의 배를 대파했던 이순신 장군의 명량해전에서 착안했다. 기존의 전통적인 방법이 아닌 허를 찌르는 획기적인 발상만이 직원들의 일자리를 살리고 회사를 살릴 수 있다고 판단한 것이다. 또 그렇게 한 방으로 모든 것을 바꾸는 것은 그가 즐겨 쓰는 전략이기도 했다.

"살고자 하면 죽을 것이오, 죽고자 하면 살 것이다."

이 말은 명량해전을 앞둔 이순신 장군의 결연한 각오였다. 프로젝트333에 임하는 이재희의 마음도 크게 다르지 않았다.

처음 프로젝트333을 발표했을 때, 대부분의 사람들은 불가능한 얘기라며 콧방귀를 뀌었다. 그 회사에서 15년을 근무했다는 한 이사는, "내가 이 회사에 근무하고 나서 이사장님이 네 번째 사장님이십니다. 처음에는 다들 그런 얘기를 했지만, 한 분도 실천하는 분을 보지 못했습니다. 대체 뭘 믿고 그런 말씀을 하시는 겁니까?" 하면서 거세게 반발하기도 했다.

이재희는 '현재 우리나라 시장 상황으로 불가능한 이야기가 아니다' 라고 말하며 그 근거로 과학적 분석자료를 내놓음으로써, 주변의 반발을 잠재웠다. 그리고 프로젝트 추진 3년 만에 목표량보다 5배나 많은 성과를 이뤄냈다.

프로젝트333이 이처럼 성공할 수 있었던 것은, 프로젝트에 참가한 임직원 모두가 '이것만이 우리의 살길이다. 이것을 통해서 우리들의 자긍심을 되찾겠다' 는 명확한 의지와 정서적 공감대가 형성되었기 때문이다. 한마디로 강력한 리더십이다. 이재희의 강력하고 공격적인 리더십이 가장 중요하다고 생각되는 일에 모든 능력을 총동원시켜, 빠른 시일 안에 집중적으로 모든 구성원의 기대치를 만족시키는 성과를 낼 수 있었던 것이다.

"회사 구성원들이 전사적인 집중력을 가지고 도전하면 성공은 이미 보장된 것이라는 판단은, 직원들의 의지를 끌어내는 데 채 5분도 걸리지 않는 너무도 명확한 해법입니다. 유니레버는 세계 최고 수준의 제품과 세계 최고 수준의 마케팅 능력 그리고 세계 최고 수준의 예산이라는 삼박자가 갖추어진 세계 최고 수준의 회사 아닙니까?

프로젝트333이 성공하기까지 제가 한 역할은 단지 구성원들에게 프로젝트 성공에 대한 확신을 심어주고, 성공에 대한 공감대를 갖도록 이끌어주는 것이었습니다."

프로젝트333의 성공은 도브샴푸의 출시로 시장판도가 바뀌면서 가능해진 일이기도 했다. 도브샴푸가 크게 히트하면서 유니레버코리아의 다른 제품들도 제 기량을 발휘할 기회를 얻은 것이다. 설이나 추석 같은 우리의 전통명절에 맞춤형 세트로 시장을 선점한 것도 주효했다. 도브샴푸와 선물세트들이 단기간에 집중적인 성과를 냄으로써 매출성장에 탄력이 붙을 수 있었다.

여기에, 할 수 없는 백 가지 일보다 할 수 있는 한 가지 일에 집중하는 이재희의 열정이 더해졌다.

"단 한 시간이라도 열정 없는 사람과 함께하는 것은 고통입니다. 저는 변명하는 것보다 차라리 죽는 게 낫다는 자세로 최선을 다해왔어요. 그래서 일단 결정을 하고 나면, 어찌할 수 없는 것에 대해서는 생각하지 않습니다. 그것이 어떤 상황이든, 할 수 없는 백 가지 일보다 할 수 있는 한 가지 일에 집중해야 길이 나옵니다. 그러다보면 해답 없는 문제가 없고, 살릴 수 없는 기업이 없습니다."

이겨본 자가 이기는 법을 안다

이재희는 우리나라 최초로 민간기업에서 공기업으로 자리를 옮긴 다국적기업 CEO 출신 사장이다. 지난 2005년, 주로 건설교통부 출신 관료들이 거쳐가는 것으로 알려진 공사 CEO에 민간 경영인 출신 이재희가 취임한 것은 그 자체로 큰 화제였다.

그러나 이재희가 국내에서 손꼽히는 물류전문가라는 사실을 감안하면 그것도 그리 놀랄 일은 아니다. 그는 글로벌 CEO로서 20여 년 간 쌓아온 자신의 경험과 지식을 나라를 위해 쓰고 싶었다. 임기 3년 동안 받는 연봉을 다 합해도 유니레버코리아 회장 시절에 받던 연봉의 1년치도 안 되는 인천국제공항공사 사장직을 맡은 것도 그 때문이다.

특히, 세계적인 물류회사 TNT 극동 아시아를 15년간 경영하면서 쌓은 아시아 최고의 물류 전문가로서의 경험과 유니레버코리아 회장직을 수행하면서 동북아 물류 중심지 한국의 로드맵을 만들고 경제자유구역 청사진을 그려온 경험이 큰 도움이 됐다.

물론, 합리적인 글로벌 스탠더드에 익숙한 글로벌 기업을 경영하다 우리나라의 대표적인 공기업의 수장으로 들어가는 결정이 쉽지는 않았다. 게다가 테러 비상에 아시아나 항공 조종사 노조의 파업까지, 취임하자마자 기함할 정도였다. 하지만 그는 어려움이 닥쳤을 때나 자신감이 떨어질 때, 옛일을 되짚어보면서 '이러이러한 선택을 했을 때 실패한 적이 많은가? 성공한 적이 많은가?' 자문한다. 대체로 성공한 적이 많나는 답이 나올 경우에는, 실패할 확률은 적고 성공할 확률은 높다는 이야기다. 인천국제공항공사를 선택할 때도 그랬다.

"승리를 해본 사람은 승리하는 방법을 알고, 한번 승리하면 앞으로 승리할 확률이 더 높아집니다. 인천국제공항에 들어갈 때부터 글로벌 경쟁력을 갖도록 혁신해야겠다는 생각을 가지고 있었고, 3개

월 안에 못하면 그 후로도 못할 거라는 생각을 했습니다. 그래서 다국적 기업에서의 인간관계 그런 걸 다 버리고 전혀 다른 세상, 마치 종교를 바꾸는 심정으로 인천국제공항에 들어갔습니다.”

취임식에서부터 신임 사장은 직원들을 놀라게 했다. 이재희는 취임식 원고 대신 손수 파워포인트로 작성한 10페이지짜리 자료를 선보였다. ‘위대한 직장 만들기’라는 제목을 단 취임사에서 그는 ‘공기업 평가에서 1등은 몰라도 꼴찌는 안 된다’, ‘일정 시점이 지나면 업무보고를 영어로 받겠다’, ‘무사 안일한 공기업 마인드를 버려라’라는 말들로 선전포고를 한 것이다.

공기업 마인드를 버리라는 말은, 글로벌 초일류 기업을 염두에 두고 판을 새롭게 짜겠다는 뜻이다. 그는 우선 2010년까지 세계 최고의 공항복합도시를 만들겠다고 선언했다. 공항을 중심으로 물류뿐 아니라 비즈니스, 엔터테인먼트, 레저, 문화, 쇼핑 등이 모두 포함된 개념이다.

다음으로 기업문화에 초일류 다국적 기업의 마인드가 스며들도록 한다는 계획을 세웠다. 일류 공항이 되려면 직원들부터 바뀌어야 했다. 그는 정부가 통제하고 관리해왔던 시스템을 좀 더 능동적으로 만들길 원했다.

마음에 걸림이 없으면, 일에도 거침이 없다

취임 당시, 20여 개 정부기관이 파견나와 있던 인천국제공항은 작은 정부라 불릴 만큼 다양한 공조직 직원들과 570여 개 협력업체 직원 등 3만 5천여 명의 이해관계가 복잡하게 얽혀 있었다. 이재희는 그들 사이의 구심점을 찾아 공동의 목표를 찾아주는 것이 급선무라고 생각했다. 핵심 키워드는 열린 경영과 기 살리기.

신임 사장이 왔으니 조직응집력을 높이는 차원에서 해병대 집체 훈련을 가자는 이야기가 나왔을 때였다. 당연히 반길 줄 알았던 이재희가 반대하고 나섰다. 직원들의 창의성을 이끌어내려면 자율성부터 담보해줘야 한다는 것이다.

"바깥에 나가서는 신나고 즐겁게 놀아야지 왜 힘든 훈련을 받아야 합니까? 전에 있던 회사에서도 일주일 중 하루는 부서별로 자율 프로그램을 짜서 직원들이 신나게 놀도록 했습니다. 그러니까 직원들 사기가 올라갑디다. 난 우리 인천공항도 그렇게 됐으면 좋겠습니다."

직원들의 기를 살려주는 열린 경영을 대표하는 것은 구내식당에 있던 임원전용 칸막이를 없앤 일이었다. 임원과 직원을 구분하던 작은 칸막이가 경영진과 직원들 사이에 크고 두꺼운 벽을 만들고 있다고 생각한 것이다. 실제로 직원들과 함께 식사를 하니까 자연스럽게 의견수렴도 되었다.

직원들과 격의 없이 섞여 식사를 하는 CEO, 이것이 격식이나 권위를 싫어하는 이재희 스타일이다.

투명하지도 효율적이지도 못한 조직의 체질을 바꾸는 것 역시 시급한 일이었다. 그는 5개월에 걸친 '공기업 문화 바꾸기', 즉 조직혁신 작업에 들어갔다. 먼저 조직의 효율성을 높이기 위해 125개 직위를 92개로 줄이고, 실무 팀제로 전환하면서 1급 처장직도 없앴다. 이 과정에서 1급 처장 40여 명이 명예퇴직했고, 1급 이상 간부의 계약직 전환, 상여급의 성과급 전환 등 혁신적인 조치가 뒤따랐다.

연공서열 중심의 승진제도도 과감히 버리고, 우수인재를 과감히 발탁, 기용할 수 있는 혁신적 승진제도도 도입됐다. 내부조직뿐 아니라 공항운영체제 전반에 걸쳐 이재희는 자신만의 가치와 열정으로 놀라운 성취를 이루어갔다.

최고의 물류전문가라는 찬사에 걸맞게 2006년 3월, 인천공항 자유무역지역의 개장과 함께 쉥커, AMB, DHL 등 세계적인 물류기업의 투자유치를 연이어 이루어냈고, 두바이나 상하이가 8~13년에 걸쳐 달성한 입주율 60%를 불과 2년 만에 달성했다. 이로써 인천공항은 단숨에 국제화물운송 세계 2위, 국제여객운송 세계 10위권의 세계정상급 공항으로 올라섰으며, 화물기 취항은 2001년 개항 때보다 2.4배 이상 증가했고, 물류허브공항의 척도라 할 수 있는 화물환적률은 아시아 최고인 50.1%까지 치솟았다.

개항 당시만 해도 인천공항은 과도한 부채와 1,400억 원이 넘는 적자에 허덕였지만, 이재희는 주수입원인 상업시설의 브랜드파워를 강화하고 사업권을 전략적으로 재구성하는 것만으로 매출규모를 5,840억 원이나 늘리는 등 다양하고 치밀한 대응으로 3년 연평균 1,582억 원, 2007년에는 무려 2,071억 원의 순이익을 이끌어내 마침내 부채비율 100%의 탄탄한 재무구조로 탈바꿈시켰다.

공항서비스는 3년 연속 세계 1위, 기업청렴도는 300여 개 공기업 중 14위다. 구태와 관행에 발목이 잡혀 있던 공기업이 국제경쟁력을 갖추기 시작하면서, 투명하고 효율적인 시스템으로 다시 태어난 것이다.

"윤리경영은 하면 좋은 것이 아니라 안하면 죽는 것입니다. 지금 인천국제공항공사가 서비스 1등 공항으로 주목을 받고 있지만, 아차 하면 전부 다 물거품이 될 수도 있습니다. 1등 만드는 데 10년, 20년이 걸릴 수도 있지만 무너지는 데는 한순간이라는 각오로, 투명성만큼은 꼭 지켜내야 한다는 각오로 노력하고 있습니다."

윤리경영과 투명성을 성장의 제1신조로 내건 이재희지만, '복지부동' 과 '철밥통' 의 상징인 공기업을 하루아침에 혁신하기란 쉽지 않은 일이었다. 본의 아니게 고위급 경영진들이 구속되는 과정을 지켜봐야 할 때는 개인적인 갈등도 많았다. 마음도 아프고 같은 기업인으로서 자존심도 상했다.

그러나 인천국제공항을 공기업 청렴도 280위에서 14위로 끌어올리고 건설교통부 내에서는 1위까지 끌어올릴 수 있었던 비결은 사욕 없는 마음이었다. 진정을 다했기에 마음에 걸림이 없고 일에 거침이 없었던 것이다.

나로부터 꿈을 시작하라

우리나라 20대가 가장 닮고 싶은 글로벌 CEO로 손꼽는 이재희가 젊은이들을 대상으로 한 강연에서 빠뜨리지 않고 하는 말이 있다.

"요즘 학생들 꿈이 너무 작아요. 16년 동안 공부해서 취직에 목매는 것은 잘못입니다. 한 분야의 최고 전문가가 되면 남이 나를 찾아옵니다. 특히 우리 지방대 학생들, 꿈 좀 크게 가지세요."

큰 꿈을 가지라는 건 '나'로부터 시작하라는 말이다. 목표를 세우기 전에 '내가 무엇을 좋아하나', '내가 무엇을 잘할 수 있나?', '이것이 내가 정말 원하는 일인가?' 스스로에게 물어봐야 한다. 그것을 실마리로 미래를 설계하는 게 순서다. 반드시 뛰어난 능력이 필요한 것도 아니다.

이재희는 '사람은 자신이 겪은 고통만큼 진화한다'는 말에 200% 공감한다. 지금 그가 남보다 잘하고 있다고 보이는 것들 중 어떤 것도 선천적으로 타고난 것이 없기 때문이다.

경남 김해 출신인 이재희는 스스로를 '촌놈'이라고 부른다. 540명 중 거의 꼴찌로 부산고등학교에 들어갔고, 반 친구들이 서로 '나는 아이큐 149다', '나는 아이큐 135다' 하는데, 아이큐 만점이 100점인데 무슨 149점, 135점이 있냐고 했다가 망신을 당하기도 했다. 초등학교 때 검사했던 이재희의 아이큐는 99점. 아이큐 최고 점수가 100점인 줄 알았던 그는 스스로를 천재로 착각하고 있던 순진한 시골 소년이었다.

그러나 자존심을 구긴 '자칭 천재'는 열등의식에 빠지는 대신, 잘난 도시 아이들을 앞서보겠다는 승부욕에 불타 이를 악물고 공부했다. 그 덕분에 고등학교 3학년 말 그의 성적은 전교 20등, 부산대학 상과대학에 우수한 성적으로 입학해 4년 내내 장학금을 받았다.

회계사 시험에서도 오기 하나로 승부했다. 회계사 시험 관련 책이란 책은 모두 뒤졌고, 8개 관련 과목 책을 모두 독파했다. 열등의식과 오기가 그를 달리게 한 것이다.

그러나 무엇보다 그는 꿈이 높은 청년이었다. 제1회 공인회계사 시험에 합격한 후 처음 입사 면접을 본 회사가 금성사.

"앞으로 꿈이 무엇이냐"고 묻는 면접관의 질문에 "제 꿈은 면접위원님이 앉아 계시는 바로 그 자리에 앉는 것입니다"라고 말했을 정도다. 그는 "나를 알아보지 못하는 기업은 신통찮은 회사"라고 말할 만큼 배포가 컸다.

이후 그는 프라이스워터하우스 컨설턴트와 하얏트호텔을 거치며 진정한 '프로'의 길을 택했다. 끊임없이 '나는 최고인가?' 되물었고, '나를 믿어야 진짜 프로'라고 자기 최면을 걸었다.

그런 다음, '내 분야에서는 내가 최고 전문가' 라는 자부심으로 열심히 목숨 걸고 뛰었다. '최고의 전문가' 라는 게 그렇게 말처럼 간단치 않기 때문이다. 이재희가 발견한 '최고의 전문가' 가 되는 비법은, 자신의 주관을 가지고 자신의 꿈을 향해 포기하지 않고 전진하는 것이다. 남의 흉내만 내서는 평생 남의 뒤꿈치만 보고 달릴 수밖에 없다.

꿈의 크기가 바로 미래다

경영권 분쟁으로 하얏트호텔을 그만둔 뒤, 제2인자의 한계를 뼈저리게 느낀 이재희는 '사장 자리에서 내 맘대로 해보겠다. 무조건 나를 사장으로 임명해주는 회사로 가겠다' 고 결심한다. '나는 사장감이다', '나는 사장그릇이다' 라고 스스로에게 최면을 걸었던 것이다.

오래지 않아 그의 자기 최면이 힘을 발휘했다. 세계적인 물류회사인 TNT로부터 사장직 제의가 들어온 것이다. TNT는 단순 택배뿐 아니라 물류 IT시스템 컨설팅을 주요 사업으로 하는 기업이다.

우여곡절 끝에 극동 3개 지역을 반석 위에 올려놓은 업적이 인정되어, 아시아 태평양 지역 수석 부사장, 북아시아지역 사장까지, 당시 아시아 사람으로서는 파격적인 승진 행보를 했다.

성공의 경험은 비상한 창의력과 강렬한 에너지로 되돌아왔다. 어떤 업종의 CEO가 되든지 그는 조직을 순식간에 장악할 수 있었고, 전광석화와 같은 업무 추진력을 가질 수 있었다. 두려움은 그림자에 불과할 뿐이라는 걸 깨달은 것이다.

20여 년 동안 업종을 네 번 바꾸며 성공한 CEO로 성공가도를 달려온 이재희.

이재희는 모든 조직은 다음 세 그룹으로 분류된다고 본다. 첫 번째, 새로운 가치를 창조하는 그룹과 두 번째, 주도적이지는 않지만 가치와 조직을 지키는 그룹, 그리고 세 번째, 불평하거나 아부만 하는 그룹이다. '기업'이라는 버스가 출발할 때 운전기사인 CEO는 첫 번째 그룹의 사람들이 모두 탑승했는지 재빨리 확인해야 한다. 여유가 있다면 두 번째 그룹의 사람들을 되도록 많이 태우는 게 좋다. 하지만 마지막 그룹의 사람들은 무슨 일이 있어도 절대 태우지 말아야 한다. 꿈이 있는 위대한 여정은 큰 꿈을 꾸는 창조적인 사람들과 함께 할 때 성공할 수 있기 때문이다.

그는 신입사원의 입사시험 문제를 직접 출제하는 것으로 유명하다. 이때 그가 가장 중점적으로 보는 것은 참신성, 즉 미래를 창의적으로 보는 눈이다.

"월급쟁이인 당신의 가슴은 지금 설레고 있습니까? 적성과 재능에 맞는 꿈을 정하고, 목표를 향해 최선을 다하십시오. 한 가지 일에 깊은 사랑과 뜨거운 열정을 가지고 몰입하면, 상상력은 폭발적인 힘으로 위대한 아이디어를 생산해냅니다.

저는 뭔가 끝까지 물고 늘어지는 열정 없이 최고가 된 사람을 본 적이 없습니다. 최고가 되겠다는 꿈, 늘 깨어 있고 몰입하는 열정, 포기를 모르는 끈기, 이 3박자가 없으면 '최고의 전문가'는 태어날 수 없습니다. 금맥이 담긴 지도가 있으면 언젠가는 금을 찾을 수 있는 것처럼, 노력을 멈추지 않으면 꿈은 이루어집니다. 큰 꿈을 꾸십시오. 그 꿈이 곧 당신의 미래입니다!"

10

그 자신이 브랜드가 된 당찬 CEO

— FILA 코리아 윤윤수 회장

"성공이란 죽기 전까지는 아무도 모르는 겁니다.
오늘 성공했다고, 내일도 성공하리란 법은 없습니다.
그저 열심히 하는 수밖에 없습니다."

| **주요이력** |

1945년 경기 화성 출생

1964년 서울고등학교 졸업

1965년 서울대학교 문리과대학 치의예학과 입학

1965년 동대학 휴학

1966년 한국외국어대학교 정치외교학과 입학

1973년 해운공사근무 입사

1974년 한국외국어대학교 정치외교학과 졸업

1975년 J. C. PENNEY 근무

1981년 9월 ~ 84년 2월 ㈜화승 근무 / 수출이사

1984년 3월 ~ 현재 케어라인㈜ / 대표이사 회장

1991년 ~ 현재 FILA 코리아㈜ / 대표이사 회장

1999년 ~ 2001년 한빛은행 비상임이사(경영발전보상위원회)

1999년 한 · 이 비즈니스협회 초대회장

2004년 ~ 현재 신한금융지주회사 사외이사(리스크관리위원회, 보상위원회 위원장)

| **주요저서** |

『내가 연봉 18억 원을 받는 이유』(조선일보사)

『생각의 속도가 빨라야 산다』(여백)

제프리 J. 폭스의 『How to become a great boss』(역서)

인생은 장거리 마라톤, 절대 포기하지 마라

"내인생은 절반 이상이 실패였다!"

1990년대 중반에 연봉 18억을 기록하며 샐러리맨의 신화로 떠오른 인물, 이름이 곧 브랜드인 글로벌 CEO 윤윤수. 대한민국에서 둘째가라면 서운해할 화려한 이력의 윤윤수지만, 그의 20대는 우울한 암흑기였다.

되는 일이 하나도 없었던 그때, 그에게 다가온 첫 번째 시련은 의대 낙방이었다. 고등학교 2학년 때 폐암을 앓던 아버지가 너무나 고통스럽게 돌아가시는 모습을 지켜봤던 윤윤수는, 의사가 되기 위해 서울대 의대에 도전했다.

그러나 재수, 삼수까지 모두 실패. 의대를 포기하고 한국외국어대 정외과에 들어갔지만, 시험공부를 안해온 친구에게 시험지를 바꿔주다가 발각돼 1년 정학을 당하고 만다. 그래서 자포자기하는 마음으로 군대에 들어갔다. 카투사였다.

'민족적 자존심도 없는 놈'이라며 다른 사병들에게 손가락질받으면서도 미군병사들에게 영어를 배웠다. 3년이 지나자 미군병사들도 놀랄 만큼 실력이 늘어 있었다.

제대 후 군대에서 배운 영어를 밑천으로 외무고시를 보았지만, 만만치가 않아서 이것도 결국 중도에 포기했다. 이것저것 되는 일 없이 서른이 넘은 나이에 겨우 졸업장을 받았다. 그 나이에 졸업장 하나 달랑 가지고 갈 수 있는 곳은 많지 않았다.

그러다가 어찌어찌 어렵게 취업을 한 곳이 해운공사. 그러나 이 회사와의 인연도 그리 길지는 않았다. 무역 일을 배우고 싶어 회사를 그만둔 것이다.

무역 일을 하겠다고 회사를 그만두기는 했는데, 나이 많은 그를 선뜻 받아주겠다는 기업이 없었다. 하는 수 없이 군생활을 하면서 닦은 영어 실력을 믿고 외국계 회사의 문을 두드렸다. 이력서만 30여 통을 쓴 끝에 취직한 곳이 신발과 핸드백을 취급하는 JC 페니였다.

외국계 회사에서의 새로운 출발은 나쁘지 않았다. 큰 수익을 내서 37세 나이로 신발을 만드는 (주)화승의 수출이사로 스카우트된 것이다.

그러나 최연소 이사라는 영광은 그리 오래 가지 못했다. 윤윤수가 주도해 대량생산을 한 수출용 ET 인형이 저작권 시비에 걸렸기 때문이다. 인형을 헐값에 몽땅 청계천 노점에 풀어놓을 수밖에 없었던 이 사건으로 회사가 입은 손실은 약 60만 달러. 이쯤 되고 나니 회사를 떠나지 않을 수 없었다. 부끄럽고 참담하고 하늘이 노랗게 보일 지경이었다.

자의 반 타의 반으로 이사 자리에서 밀려난 윤윤수가 직접 무역회사를 차린 것은 1984년. 그의 나이 마흔이었다. 뭔가 해봐야겠다는 생각에 회사를 세우기는 했지만, 돈도 없었고 뚜렷한 비즈니스 모델도 없었다. 그러다보니 아는 사람들을 찾아다니며 장난감, 신발, 전선 등 돈이 되는 것이라면 가리지 않고 파는 오퍼상에 머물 수밖에 없었다.

이 무렵 미국 출장을 다니면서 발견한 미국 브랜드 하나가 그의 마음을 끌었다. 세계적인 스포츠 명품 'FILA' 였다.

윤윤수는 수출 비중이 큰 신발시장의 잠재적 가능성을 믿고, FILA의 신발류 미국 라이선스를 가지고 있던 미국인 호머 알티스에게, 함께 사업을 할 수 있는 길이 없겠는가 의사를 타진했다. 호머 알티스는 그의 제안을 별로 귀담아 듣지 않는 눈치였다.

사실, 당시 호머 알티스는 미국 FILA 신발 사업을 하는 데 필요한 자본을 끌어댈 수가 없었다. 자본을 끌어들이기 위해 제3의 회사와 불평등한 계약을 체결했기 때문에, 호머 알티스가 아무리 열심히 사업을 키워봐도 그 자신에게는 전혀 이익이 돌아오지 않는 구조였던 것이다. 그러나 윤윤수는 포기를 몰랐다.

"호머 알티스를 설득하는 데 거의 일 년 이상 걸렸습니다. 그 사람과 대화를 나누면서 그가 처해 있는 상황, 그의 약점들을 알게 됐죠. 가장 큰 문제는 자금동원력이었고, 그 다음이 자금동원을 위해 연 22%에 달하는 무리한 이자를 물고 있다는 것이었습니다. 게다가 그는 당시 신발사업이 성공하는 데 필수요건이라 할 극동지역, 특히 한국과 타이완의 신발산업에 대한 경험이 없었습니다. 저는 호머 알티스와 그런 문제들을 하나씩 해결해나가기로 했습니다."

결국 윤윤수의 '포기를 모르는 근성'에 호머 알티스가 두 손을 들었다. 한국에서 생산한 FILA 상표 신발을 독점적으로 공급할 수 있게 된 것이다.

윤윤수는 의류 중심 어패럴 회사였던 FILA의 사업영역을 스포츠화 부문으로까지 확장시켰다. FILA의 고급스런 이미지를 각인시킨 이 운동화는 '세계의 시장'으로 불리는 미국에서 대성공을 거두며 90년대 초 미국시장 3대 신발 브랜드로 자리를 잡았고, 전세계 FILA 신발의 60%가량을 한국에서 생산할 정도로 FILA 코리아는 짧은 기간 동안 가장 큰 성공을 거둔 회사가 되었다.

"사업 초기 미국시장에서 호머 알티스가 채택했던 고가정책은 어려운 상황을 가져왔습니다. 하지만 저와 손잡고 나서부터 가격을 낮추고 대중적 관심을 끌게 됐죠. 고가의 제품이 어느 날 갑자기 대중화를 선언한 거잖아요. 수요가 크게 늘어나면서 미국에서만 1985년에 8천만 달러, 1987년에 1억 달러가 넘는 매출을 올리게 됐어요."

FILA 신발사업은 크게 성공이었지만, 윤윤수는 여전히 가난했다. 수익의 대부분은 라이선스를 가지고 있던 호머 알티스에게 들어갔기 때문이다.

그러나 윤윤수는 기다렸다. 어려서부터 혼자 힘으로 살아온 그였기에, 주변에 도와줄 사람이 없으면 양보를 해야만 살아남을 수 있다는 걸 잘 알고 있었던 것이다. 그에게 인생은 100m 달리기가 아니라 42.195km의 마라톤이었다.

"세상에 거저 되는 것은 없었습니다. 제가 그렇게 미련하게 살았던 시기가 있었기 때문에 수십 억대 연봉이 가능한 샐러리맨이 될 수 있었던 겁니다."

1991년 윤윤수에게도 기회가 왔다. 미국 시장에서 FILA 신발 매출이 전세계 FILA 의류 매출을 뛰어넘을 만큼 잘되자, FILA 본사가 호머 알티스의 라이선스를 취소하고 윤윤수에게 FILA 코리아를 설립하도록 지원한 것이다.

본사와 합작으로 설립된 FILA 코리아의 사장이 된 첫해 윤윤수의 연봉은 5억으로 FILA 코리아의 자본금 3억 5천만 원보다 높았다. 그러나 윤윤수는 몸값을 제대로 했다. FILA 코리아 설립 첫해 274%의 매출신장을 기록한 이래, 10년 동안 매년 80% 이상의 높은 성장률을 달성했기 때문이다. 매출 대비 순이익으로 보면 전세계 FILA 그룹 가운데 1위였다.

FILA 코리아의 약진에 크게 고무된 본사 회장 엔리코 프레시는 이렇게 말했다.

"FILA가 탄생한 곳은 이탈리아지만, FILA가 꽃을 피운 곳은 한국입니다. 전세계 FILA는 FILA 코리아를 본받아야 할 것입니다."

스포츠 신발 사업의 성공에 힘입어 FILA는 토털 스포츠 브랜드로 전환했다. 그리고 윤윤수의 '원더풀 라이프'는 2007년 FILA 글로벌을 인수함으로써 완성됐다.

"운명이 당신을 속일지라도 절대로 포기하지 마십시오. 최선을 다해 열심히 살다보면, 기회는 다시 찾아옵니다. 제가 거듭되는 좌절과 실패를 극복하고 다시 시작할 수 있게 된 것은 아무것도 가진 게 없었기 때문입니다. 가진 것이 아무것도 없었기 때문에 누구보다 열심히 일할 준비가 되어 있었던 것입니다."

돈보다 '신용'을 쌓아라

2007년, FILA 입사 24년 만에 FILA 본사를 인수한 윤윤수는 국내 최초로 글로벌 브랜드를 인수한 한국인 CEO였다. FILA는 1911년 이탈리아에서 설립되어, 전세계 50여 개국에 만여 개의 매장을 가진 세계 4대 스포츠 브랜드.

FILA 글로벌 인수 과정은 마지막까지 경쟁이 뜨거웠다. FILA 코리아와 3파전을 벌인 회사들은, FILA 코리아보다 훨씬 규모가 큰 한국

회사와 미국 회사였다. 낙찰 가격 역시 FILA 코리아보다 5백억 원 이 상 높았다. 그런데도 FILA 코리아의 지주회사인 SBI(스포츠 브랜즈 인터 내셔널)의 대주주 서버러스가 윤윤수의 손을 들어주었다. 대단히 이 례적인 일이었다.

그렇다면 왜 서버러스는 자회사 사장에 불과한 윤윤수의 손을 들 어주었을까? 여기에는 윤윤수에 대한 서버러스의 무한 신뢰가 바탕 이 됐다.

'신용' 있는 사람 윤윤수가 서버러스와 인연을 맺은 것은 2003년. 당시 FILA 이탈리아 경영이 어려워지자, 윤윤수는 미국계 투자 전 문회사 서버러스를 끌어들여 SBI를 설립하고 FILA 이탈리아를 인수 했다.

그리고 2005년에 다시 FILA 코리아 지분 100%를 확보해 독자 경 영권을 획득했다. 이 과정에서 윤윤수는 계약상 합의한 사항을 하루 라도 미룰 수 없다는 원칙을 세우고 실천했다.

계약 합의사항 중에는 두 달 안에 1억 3천만 달러에 달하는 계약 금을 조달하는 것도 포함되어 있었다. 딜의 총금액은 그리 크지 않 았으나, 본래 가진 자금이 많지 않았던 윤윤수는 필요한 자금을 모 으기 위해 아래와 같은 모든 방법을 총동원해야만 했다.

첫째, Management Team 35억 조달, 둘째, Private Offering 135억 조달, 셋째, Public Offering 160억 조달, 넷째, ESOP(Employee Stock

Ownership Plan) 35억 조달, 다섯째, Debt Financing(Syndicate Loan) 850억 조달, 모두 합해 1,215억.

서버러스는 이렇게 복잡다난한 과정에도 불구하고, 약속 일까지 정확하게 계약을 마무리한 윤윤수의 원칙과 추진력에 깊은 인상을 받았다. 딜이 성공적으로 끝난 후, 서버러스 금융 LLC의 최고경영자인 레너드 테슬러는 이렇게 말했다.

"진윤(윤윤수의 미국식 이름)과 두 번 일을 해봤는데, 틀림없이 믿을 수 있는 사람이었습니다. 그래서 본사 인수과정에서 입찰 가격은 좀 낮았지만, 진윤이야말로 FILA 브랜드를 가장 잘 이해하고 지켜나갈 사람, 믿고 거래할 수 있는 사람, 신용 있는 사람이라고 믿고 계약을 한 거죠."

'사업을 하고 싶은데 돈이 없다'고 불평하는 사람들에게, 윤윤수는 돈 대신 먼저 신용을 쌓으라고 조언한다. 윤윤수에게 '돈이 없다'는 말은, 돈 가진 사람들을 감동시킬 수 있는 '신용'이 없다는 말과 같다.

"FILA 글로벌 인수 당시 제가 가지고 있었던 자산은 딱 두 가지였습니다. FILA 상표권과 저 윤윤수의 신용입니다. 변변한 부동산 담보물 하나 없었던 제가 이 두 가지로, 2007년 3월 FILA 글로벌 인수 자금 4억 달러(약 3,700억 원)를 동원한 것입니다. 계약을 체결한 뒤 이런 생각이 들더라고요. 사업이란 결국 마음을 움직이는 것인데, 지금까지 내가 잘못 살아온 것은 아니구나."

2007년 4월, 맨해튼의 FILA 매장에서 공식 인수식을 할 때였다. 행사를 마친 윤윤수가 FILA의 새로운 오너로서 볼티모어 물류창고에 들러 연설을 하는데, 한 흑인 청년이 윤윤수에게 다가와 물었다.

"회장님! 저도 회장님처럼 되고 싶은데, 어떻게 하면 될까요?"

농부의 아들로 태어나 생후 100일도 지나지 않아 어머니를 잃고, 10대 중반에 아버지마저 암으로 세상을 떠난 후, 홀로 어려운 환경을 극복하고 글로벌 CEO의 자리까지 오른 그의 성공담은, 미국 직원들 사이에서도 화제였던 모양이다.

그는 그 흑인 청년에게 이렇게 말했다.

"나는 나 자신이 능력이 많지 않다고 생각합니다. 그보다는 성실한 쪽이지요. 나 같은 사람이 성공하려면, 첫째, 정직하고 진실해야 합니다. 둘째, 어떤 일도 참아내는 인내가 필요합니다. 셋째, 열정을 가지고 노력해야 합니다."

그랬다. 윤윤수의 FILA 글로벌 인수는 어느 날 갑자기 결정된 게 아니었다. FILA 글로벌은 윤윤수 평생의 프로젝트였다. 그는 그 꿈을 이루기 위해 정직하고, 성실하게, 열정적으로 일했다. 그렇게 회사에 신용을 쌓았다. 그러다보니 어느새 본사 회장보다 더 많은 연봉을 받는 사장이 됐고, 본사를 인수할 수 있는 기회까지 잡은 것이다.

윤윤수의 부지런하고 성실한 태도는 아버지로부터 물려받은 유산이었다. 농부이자 유학자였던 아버지는 엄마를 잃은 어린 아들을 데리고 자면서, 새벽 4시면 일어나 논어, 맹자를 들려주었다. 공부도 도 닦듯 정성을 다해야 한다는 걸 몸소 보여준 것이다.

그래서일까, 직원들의 자율성을 누구보다도 중요하게 생각하는 윤윤수지만, 출근시간 단속은 너무하다 싶을 정도로 엄격하다. 부하가 지각을 하면 상관에게까지 호통을 치고 보너스도 깎는다. 그는 출근시간 엄수는 곧 그 사람의 신용이라고 생각한다. 하지만 FILA 코리아 직원 중 누구도 감히 불평할 엄두를 내지는 못한다. '회장님'이 가장 먼저 출근을 하기 때문이다.

윤윤수는 매일 새벽 5시면 일어나, 오전 7시 40분이 되기 전에 회사에 도착한다. 심장수술을 받고서도 지켰던 게 출근시간이다. 그러고보면 윤윤수가 말하는 성공비법은 지나치게 평범해 보인다. 그러나 결코 누구나 쉽게 따라 할 수 있는 것도 아니다.

"남보다 한 시간만 일찍 침대 밖으로 나오십시오. 그 한 시간이 인생을 바꿀 수 있습니다. 일찍 출근하면 우선 일을 대하는 태도가 달라집니다. 일을 대하는 태도가 달라지면 당신에 대한 평가가 달라집니다. 우직한 바보도 성공에 이르게 하는 비결, 그것은 바로 정직과 성실 위에 쌓은 '신용'입니다!"

'새우가 고래를 삼키는 법'은 단순하다

FILA 코리아는 FILA 상표를 붙인 신발제조 하청업체로 시작해, 공장 없이 디자인과 상품 개발 판매를 주업으로 하는 유통서비스 회사를 거쳐, 재무·투자 회사로 발전해왔다. 사람들은 본사를 인수 합병한 FILA 코리아와 윤윤수를 가리켜, '고래를 삼킨 새우'라고 한다.

그렇다면 '고래를 삼킨 새우', FILA 코리아의 성장 동력은 무엇일까? 윤윤수는 그것을 '유리알 경영'이라고 말한다.

유리알처럼 투명한 경영. FILA 코리아에서는 윤윤수 회장이 아는 사람이라고 해도, 자격이 미달되면 대리점을 개설할 수 없다. 대리점만 하나 열면, 매달 수천만 원의 수익이 보장된다는 소문에 곳곳에서 청탁이 들어오지만, 그의 대답은 늘 단호하다.

"저와 오랫동안 알고 지낸 사람이라고 해도, 조건을 갖추지 못하면 대리점 허가를 내줄 수 없습니다."

투명경영을 위해 조직 내 정보공유가 가장 중요하다고 믿는 윤윤수는, 1991년 FILA 코리아를 시작할 당시 '정확한 룰을 지키는 게임'을 경영방침으로 세웠다. 그리고 회사 비즈니스와 관련된 정보를 직원들에게 공개하기 시작했다. 낱낱이 공개된 정보 속에는 윤윤수 자신의 연봉까지 포함됐다.

"뒷돈을 챙기는 경영자를 직원들이 어떻게 믿고 따르겠습니까?"

이것이 바로, 당시 한국 최고의 월급쟁이 윤윤수가 무거운 세금을 무릅쓰고 자신의 연봉을 공개한 이유다. CEO의 정직성이 회사발전의 성패를 가른다고 생각한 것이다. 글로벌 기업의 최전선에서 기댈 언덕 없이 스스로 모든 상황을 헤쳐나가지 않으면 안 되었던 그에게 '투명경영'은 생존을 위한 선택이었던 셈이다.

윤윤수는 직원들의 뒷거래를 근절시키기 위해 초강수를 두기도 했다. 협력업체와 대리점으로부터의 향응을 당연한 것으로 여기던 직원들, 전체 직원의 절반 가까이를 잘라낸 것이다.

어음거래도 일절 하지 못하게 엄명을 내렸다. 하청업체에 지급하는 모든 결제대금은 현금으로 하고, 지불조건과 날짜를 정확히 지켰다. 또 모든 재고상황을 샅샅이 알 수 있도록 대리점과 본사를 연결하는 전산망 설치에 과감히 투자했다. 부정부패가 발붙일 수 없을 만큼 투명하게 정보를 공개했다.

"90년대 초부터 벌어들인 돈을 거의 재투자해 전산화 작업에 착수했습니다. 주위에서 제정신이 아니라는 소리도 많이 들었죠. 하지만 전산화는 생산과 판매현장을 직접 연결해 재고상품이 나지 않는 '반응생산'을 가능하게 했고, 무엇보다 투명한 경영을 정착시키는 데 큰 역할을 했습니다. 저는 그것으로 이미 투자 효과는 충분히 거두고 있다고 생각합니다."

내부적인 반발이 적지 않았지만, 분기별로 투명하게 공개되는 경영실적은 회사의 경쟁력을 더욱 강화시켰다. 정직하게 열심히 일하는 사람들이 인정을 받고, 성공하는 일터가 된 것이다.

그뿐이 아니다. 투명경영을 통해 얻어진 성과물들은 공정하게 배분된다. 협력업체와 직원들은 인센티브 보너스로, 정직한 땀의 대가를 돌려받는다. 옳게 시작하면, 그 결과도 옳다.

"미국인들과 오래 거래를 한 덕분에 저는 원리원칙과 합리성을 중시하는 미국식 사고방식을 익힐 수 있었습니다. 우리 한국사람들이 좀 복잡한데, 사고를 심플하게 기본대로 하면 자연스럽게 투명해집니다. 지금 한국경제가 어려운 것도 기본대로 하지 않았기 때문 아닙니까?"

나는 희망의 씨앗을 나누고 싶다

'국내 최고 연봉자', '월급쟁이의 신화', '매직퍼슨(Magic Person)' ……. FILA 코리아 윤윤수에게 붙어다니는 수식어다. 대부분 돈을 많이 번다고 해서 붙여진 것들이다. 그런 그가 스스럼없이 존경심을 보이는 사람이 있다. 바로, 고비 고비마다 조용히 그에게 힘이 되어준 아내다.

"제가 제일 존경하는 사람은 아내예요. 저는 엄마 얼굴도 본 적이 없지만 아내에게서 엄마의 향취를 느낍니다. 제가 도약이 필요한 순간마다 아내가 발판이 돼주었어요. '난 당신을 믿으니까 하고 싶은

대로 해라, 안 되면 같이 리어카라도 끌면 되지 않느냐' 고요."

윤윤수에게 아내는 사업의 '동지' 다.

당시에는 구하기 쉽지 않았던 타자기를 들고 시집온 아내는, 그걸로 이력서를 수십 장씩 만들어주었고, 경리, 운전기사, 청소부 역할도 마다하지 않았으며, '주변머리가 없어' 돈 100만 원도 못 빌리는 남편 대신 사업자금을 구해왔다.

집 한 칸 온전하지 못했던 JC 페니 근무시절, 한 기업임원이 비리를 눈감아달라며 돈다발을 들고 왔을 때 당장 돌려보내라고 한 사람도 아내였다.

"집안일도 모두 아내가 챙깁니다. 살아오면서 열두 번 이사하는 동안 저는 출장 중이라 한 번도 집에 없었어요. 집을 사고파는 걸 전부 아내가 했죠. 제가 성공한 사람이라고 한다면 그건 모두 아내 덕입니다. 미안하고, 고맙죠."

미안하고 고마운 마음은 아내에게만 해당하는 게 아니다. 바쁜 아버지를 참아준 아들과 딸에게도 미안하고 고맙다.

지난 수십 년 동안 그는 '인생은 모 아니면 도' 라는 생각에, 자전거를 타듯 계속 페달을 밟지 않으면 쓰러진다는 각오로 뛰었다. 미국 가서 몇 백만 불짜리 오더라도 따고 귀국할 때면, '이 보따리를 풀어놓으면 공장사람들이 또 얼마나 기뻐할까' 싶어 미소가 절로 났었다.

그러다보니 아이들의 잠든 얼굴을 보고 출근해 잠든 후에 퇴근하기 일쑤였고, 외국출장도 잦아 비행기에서 살다시피 했다. 오죽했으면 97년 대한항공 고객 중 마일리지가 1등이었을까. (윤윤수는 2008년 1월 초, 상하이에서 인천공항으로 입국한 것이 대한항공을 1,003번째 탄 것이고, 그때까지 총 330만 마일을 여행한 것으로 기록되어 있었다. 그 외 아시아나 항공 50만 마일과 UA, AA, Delta, Cathay, BA, Air France, Lufthansa, KLM, Alitalia, Singapore Airline, Garuda, Malaysia, China East, China Southern, China Air, Dragon Air, Air Lingus, JAL, ANA, Shanghai air 등 기타 항공사 탑승 실적을 모두 보탠다면, 그는 평생 총 500만 마일 이상 비행 중이었을 것으로 추산된다.)

윤윤수는 열심히 성실하게 자신의 일에 최선을 다하는 모습이 아이들에게 산교육이 되길 바랐다. 진정한 리더십은 파워가 아니라 역할모델이 되어주는 것이라고 생각했기 때문이다.

윤윤수의 이런 마음은, 즐거움과 기쁨은 나누면 나눌수록 커지고, 고통과 불행은 나눌수록 적어진다는 '나눔의 경제학'을 낳았다. 그는 연봉 26억 원 중 절반은 세금으로 내고 남은 절반은 주변의 어려운 사람들과 나눈다. 몇 년 전, 모 증권회사 광고모델로 출연해 받았던 4천만 원도 고스란히 장애인들을 위해 내놓았다. 나눔 경영을 실천하는 글로벌 CEO 윤윤수를 만든 건, 화목한 가정을 일구고 싶은 '가족행복'의 꿈이요, 성공한 기업인의 '자아실현' 과정이다.

"저는 아무 배경이 없는 사람이기 때문에 주변에 잘사는 사람보다 어렵게 사는 사람이 많습니다. 저도 인생의 대부분을 힘들게 살았기 때문에 없는 사람들의 고통을 잘 압니다. 사랑 넘치고 화목한 가정이 저를 여기까지 오게 한 거지요. 제가 가진 것을 나누어, 다른 분들에게도 내일을 기대할 수 있는 희망의 씨앗을 나눌 수 있다면, 저는 그것으로 충분합니다."